TAGEBUCH EINES SEXSÜCHTIGEN

Scott Alexander Hess schreibt neben seiner schriftstellerischen Tätigkeit regelmäßig für die *Huffington Post*. *Tagebuch eines Sexsüchtigen* ist sein literarisches Debüt. Für seinen zweiten Roman *Bergdorf Boys* erhielt er den *Rainbow Book Award*. Scott Alexander Hess lebt in Manhattan.

SCOTT ALEXANDER HESS

TAGEBUCH EINES SEXSÜCHTIGEN

ROMAN

Aus dem Amerikanischen von Matthias Höhne

BRUNO GMÜNDER

1. Auflage

Kleiststraße 23-26, D-10787 Berlin
info@brunogmuender.com

Originaltitel: »Diary of a Sex Addict«

Aus dem Amerikanischen von Matthias Höhne
Umschlaggestaltung: Dolph Caesar
Cover photo: © Seva Galkin
sevagalkin.com
Printed in Germany

ISBN 978-3-86787-773-2

Mehr über unsere Bücher und Autoren:
www.brunogmuender.com

Für Ruben

7. Dezember

Also ficke ich sein Gesicht – wortwörtlich. Lange harte Stöße, in denen sich all mein Ärger entlädt – über den miesen Job, das chronisch leere Konto, die vergeigte Beziehung, die Zwölfhundert-Dollar-Miete in Manhattan – all die Wut, die ich in meinem krampfhaft trainierten kleinen Fitnessstudioarsch habe. Ich ramme sie ihm einfach in den Mund. Nur so kann ich mich davon abhalten zu sagen: »Schluck ihn, Arschloch!« Ich weiß, dass er das unbedingt von mir hören will, und ich würde es auch gerne sagen. Aber schon beim Anblick seiner großen weißen Augäpfel, seiner Lippen und seiner dicken, hundeähnlichen, sabbernden Zunge spritze ich fast ab.

Wir sind seit zehn Minuten bei der Sache, auf dem Boden vor meiner Kochnische, und allmählich meldet sich bei mir die Erschöpfung. Ich spreche nur mit gedämpfter Stimme, weil meine Einzimmerwohnung an das Apartment eines niedlichen Mittzwanziger-Pärchens grenzt. Durch die Wand höre ich sie oft über Pottery Barn und Cheerios plappern. Wenn ich meinen Satz herausschreien würde, würden sie mich hören: »Lutsch meinen weißen Schwanz mit deinen geilen schwarzen Lippen.« Also flüstere ich nur, und ihm – nennen wir ihn Bing – scheint der sanftere Tonfall zu gefallen. Aber ich sehe, dass ihm die Knie wehtun. Als er vor Schmerz aufstöhnt, berühre ich seine Schulter.

Bings Haut ist glitschig und von einer exquisiten Mischung aus frischem Schweiß und äthiopischem Öl überzogen. Natürlich könnte es genauso gut Babyöl sein. Aber ich mag es ein bisschen exotischer. In Wahrheit weiß ich so gut wie nichts über Bing. Normalerweise reden wir nur miteinander, während er sich wieder anzieht, um zu gehen – niemals davor. Nach unserem zweiten Fick habe ich erfahren, dass er tagsüber als Juwelier arbeitet, und nachts als Maler. Enttäuschend. Denn in meiner Fantasie hatte ich aus ihm einen 22-jährigen Dealer auf Bewährung gemacht, dem die Drogen allmählich das Gehirn zerfressen.

Bing hat seine Position verändert und keucht, meinen Schwanz immer noch im Mund. Er kommt aus dem Rhythmus, als er die Knie anhebt und in die Hocke geht. Ich sollte meine Position ebenfalls verändern, mich ein wenig nach vorn lehnen, um unseren fünfzehnminütigen wilden Sexrausch am Laufen zu halten. Wird die Pause zu lang, fällt das fragile Fantasiegebilde schnell in sich zusammen. Also verlagere ich mein Gewicht, zögere dann aber, als mir klar wird, wie sehr Bings Knie schmerzen müssen. Ich frage mich, ob ich zu grausam oder ein schlechter Gastgeber bin, und dadurch öffnet sich ein winziger Durchgang zum gewöhnlichen, nichtsexuellen Teil meiner Gedanken. Plötzlich schießen mir alle möglichen Fragen durch den Kopf. Ist der Boden überhaupt sauber genug, um sich hinzuknien? Könnte Bing meinen Exfreund ersetzen? Und warum ist der Sex mit ihm so berauschend gut, und warum so viel besser als alles andere, was ich an diesem schrecklichen Tag durchgemacht habe?

Ich lege den Kopf in den Nacken. Mein Blick fällt auf ein vergilbtes Bild an der Küchenwand, auf dem ein explodierendes Kriegsschiff, die USS Shaw, zu sehen ist. In einer Ecke des Bildes steht in krakeliger Schrift: »Pearl Harbor, 7. Dezember 1941«. Um Mitternacht muss ich es abnehmen und den Adventskalender meiner verstorbenen Mutter aufhängen. Als ich noch ein Kind war, hat sie das immer getan, haargenau um diese Zeit. Mit dem Kalender begannen ihre drei Wochen des Wartens auf Weihnachten. Mein Vater – ebenfalls verstorben – hat im Zweiten Weltkrieg gedient, weshalb ansonsten dieses Pearl-Harbor-Ding an der Wand in der

Küche meiner Eltern hing. Der Adventskalender strahlt Vorfreude aus und hält für jeden Tag ein kleines Geschenk bereit. Dieser kurze Anflug von Nostalgie bekommt meinem Ständer überhaupt nicht.

Wenn ich solchen Gedanken zu lange nachhänge, kommt mir irgendwann alles hyperreal vor, und dann hat sich der Sex erledigt. Bevor mein Schwanz schlaff werden und aus Bings Mundwinkel rutschen kann, stoße ich noch einmal richtig hart zu und spreche dabei die Worte, die wir beide hören wollen: »Lutsch ihn! Lutsch meinen weißen Schwanz! Sag, dass du ihn liebst, Arschloch!« Und er sagt es, und wie erwartet spritze ich ab. Aber nicht »in dein verficktes schwarzes Maul«, sondern safe, auf seine zarten Wangen. Ein paar Tropfen landen auf seiner Schulter, als er sich nach hinten fallen lässt – und dann geht Bing.

8. Dezember

Es ist 22.00 Uhr. Und was macht unser Sexsüchtiger gerade? Er liegt in einer Wanne voll dampfenden Wassers und Mr.-Bubble-Schaum und denkt darüber nach, warum die Stunden vor Mitternacht – kein Wortspiel – gefühlsmäßig immer die härtesten sind. Vielleicht, weil ich jahrelang abends immer stoned war. Vielleicht bin ich auch, als kleiner Junge, während eines Stromausfalls von einem Fettsack durchgefingert worden, genau um diese Zeit. Oder Manhattan wird Abend für Abend, vom Mond aus, mit ultravioletter Strahlung beschossen, die meine Gedärme zum Kochen und mich dazu bringen soll, vor ein fahrendes Auto zu springen. Fakt ist jedenfalls, dass ich die späten Abendstunden kaum aushalte und mich regelmäßig für Sex entscheide, um diesem Gefühl zu entkommen.

Wenn sich in meinem Kopf wieder und wieder die Szene mit dem Auto abspult, sage ich mir immer, dass ich das Leben eigentlich liebe. Und nur nachts wie besessen von Selbstmord bin. Aber dann spüre ich dieses schwarze Loch – ebenfalls kein Wortspiel. Obwohl ich mir in der letzten Zeit andauernd ausmale, wie ich Bings heiße, verdorbene Arschfotze durchnehme.

Mein schwarzes Loch tut sich jede Nacht auf, pünktlich um 22.00 Uhr. Es sieht aus wie einer dieser kreisrunden Brunnen auf dem Land. Wie ihn Schweinebauern in ihrem Hinterhof haben. Ich sehe mein schwarzes Loch vor mir, bei den nächtlichen

Mr.-Bubble-Schaumbädern, wenn der manische Rausch meines übermäßig koffeinreichen Alltags in Verzweiflung umschlägt und einer tristen, lastenden Einsamkeit weicht. Ich sehe es vor mir, mit geschlossenen Augen, in meinem heißen, beruhigenden, betörend duftenden Bad. Ich blicke in das Dunkel, so tröstlich gleichförmig, und denke mir: »Warum nicht einfach hineinschlüpfen? Warum nicht einfach loslassen?«

In solchen Momenten kann ich mich entweder ertränken, mich zudröhnen oder Sex haben. Zum Ertrinken würde ich einen Haufen von den Vicodin-Tabletten schlucken, die man nach Zahnfleischbehandlungen bekommt (und die ich im Medizinschränkchen aufhebe), und dann für alle Zeit in meinem imaginären schwarzen Loch versinken. Ich habe mal einen Film gesehen, in dem eine betrunkene Blondine genau das macht – und am Ende elegant hinter einem Schleier aus Seifenblasen verschwindet. Aber bis jetzt habe ich mich stattdessen immer für stumpfen Sex entschieden.

Also schlage ich die Augen auf, lasse das nach Lavendel duftende Wasser ab und lösche die »Frühlingsbrise«-Kerze, um anschließend meinen heißen, drahtigen Körper in dem riesigen Spiegel neben der Kochnische zu begutachten.

Bevor ich das Badezimmer verlasse, schaue ich den letzten Seifenblasen nach, die sich strudelnd in Nichts auflösen.

Mein Spiegel ist zwei Meter hoch, ein Meter fünfzig breit und hat einen schönen, espressofarbenen Holzrahmen. Mein Freund Michael – ein verwöhnter Sprössling, der vom Vermögen seiner Eltern lebt und ein ziemlich talentierter Maler ist – ist mit mir zu Ikea gegangen, um ihn zu kaufen. Nach Hause habe ich ihn dann allein geschleppt, die vier Treppen hoch zu meiner Wohnung. Michael meinte, die Kochnische würde danach größer wirken, was auch stimmte. Natürlich wusste ich vorher schon, dass ich den Spiegel vor allem dazu verwenden würde, jeden Zentimeter meines im Fitnessstudio gestählten Körpers zu betrachten – und auch, um mir selbst beim Sex mit namenlosen Männern auf dem Küchenboden zuzusehen. Aber Michael habe ich das natürlich nicht gesagt. Er hat Komplexe wegen seines Körpers und hasst es, über Sex zu reden. Er weigert sich schon den ganzen Monat, seine Wohnung zu verlassen, weil er angeblich eine Tonne zugenommen hat. Wir schreiben uns SMS, um den Kontakt nicht abreißen zu lassen.

Der große, an die Wand gelehnte Spiegel teilt Herd, Spüle und Minikühlschrank von der Industriestahltheke mit den zwei Barhockern, die ich zum Essen und zum Arbeiten nutze. Auf der anderen Seite der Theke hängt ein schneeweißer Vorhang, der vom Boden bis zur Decke reicht und die Kochnische vom Rest des Zimmers abtrennt. Das Zimmer ist stilvoll und elegant eingerichtet mit einem antiken Schreibtisch und dem dazu passenden Bücherregal, einem Ledersofa, Beistelltischen, teuren Lampen und Gardinen. An der Wand über dem Sofa hängen einige gerahmte Kunstwerke – eine gute Mischung aus Ölgemälden und obszönen Aktbildern. Diesen Teil des Zimmers nenne ich gern meinen Sexsalon.

Ich stehe nackt vor meinem Ikea-Spiegel, meine Haut ist feucht, die Mr.-Bubble-Reste glänzen. Jeder Tag fängt für mich hier an, genau an dieser Stelle, indem ich Fotos von meinem Spiegelbild mache, die ich anschließend auf Sexseiten im Internet hochlade. Dabei achte ich auf den richtigen Abstand, denn von Weitem sehe ich ungeheuer sehnig und kräftig aus. Ich mache die Bilder um 7.00 Uhr früh, weil ich um diese Zeit immer am glücklichsten bin – weil ich so früh am Morgen noch das Gefühl habe, den Tag bewältigen zu können. In den Stunden danach taumele ich meist nur noch wie in Zeitlupe auf mein schwarzes Loch zu. Ich glaube, Sartre hat mal so was gesagt wie: »Das Leben beginnt auf der anderen Seite der Verzweiflung.« Er war wirklich ein Genie. Und wahrscheinlich ebenfalls sexsüchtig.

Meinem klinisch kalten Blick in den Ikea-Spiegel entgeht nichts. Ich bin eins siebzig, und das Einnehmendste an mir sind meine Augen, weil sie einen ganz eigenartigen Blauton haben. Sie sind blass und glänzen und strahlen irgendwie. Mit achtunddreißig habe ich immer noch dichtes Haar, das ich kurz trage. Ich gehe locker als knapp dreißig durch. Aber wenn ich jemanden aufreißen will, sind das überzeugendste Argument meine Titten.

Nachdem ich von Fayetteville, Arkansas, nach Manhattan gezogen war, habe ich mich noch am selben Tag im Fitnessstudio angemeldet. Als Jugendlicher habe ich mir immer ein dickes Arnold-Schwarzenegger-Buch angesehen, voller Fotos, die Arnies geschmeidigen, muskulösen Körper in einer Speedo zeigten. Er hatte ein Funkeln in den Augen, das sagte: »Ich bin Europäer und heiß.« (Allerdings noch nicht: »Ich werde Gouverneur von Kalifornien.«)

Wie verrückt trainierte ich an den Freihanteln und begann, diese anregenden, herausnehmbaren Trainingspläne aus Männer-Fitnessmagazinen zu studieren, auf denen »heterosexuelle« Models abgebildet sind. Models, die ihre weißen Zähne zeigen, ihre knusprigen, haarlosen Körper anspannen und nichts als furchtbar knappe Shorts tragen. Obsessiv sah ich meinem dürren Oberkörper dabei zu, wie er allmählich Form annahm. Auf meinem Bizeps zeichneten sich nach und nach Muskelstränge ab, mein Arsch wurde fester und auch mit dem Sex klappte es besser. Ich konnte mich selbst als Ware – als »Mr. Titten-aus-Stahl« – auf den Markt werfen und nach Typen mit genauso schönen Brustmuskeln, mit Knackärschen und flachen Bäuchen Ausschau halten. Nach Typen ohne Namen, Typen mit viel überschüssiger Energie, die sich an denselben Pornomodel-Sportmagazinen aufgeilten wie ich.

Und solange ich den richtigen Abstand einhalte, sehen meine Protein-Shake-Titten im Ikea-Spiegel immer noch unverschämt heiß aus. Mein Schritt ist sorgfältig getrimmt. Ich fühle mich sexy. Bereit. Gerüstet. Leer.

Es wird Zeit, dass ich einen großen Schwanz an Land ziehe, um mir dieses bedrückende schwarze Loch vom Leib zu halten.

Heute Nacht läuft es nicht so gut. Die WLAN-Verbindung meines Nachbarn, die ich schamlos anzapfe, hat sich mitten in einem Pornoclip von *Straight Boys Suck for Cash* verabschiedet und mich hängen lassen, mit einer Hand voll Gleitgel und dem brennenden Bedürfnis nach mehr. Ohne WLAN bleibt mir nur noch die beschissene Verbindung meines iPhones, um meine Internet-Bedürfnisse zu befriedigen.

Normalerweise jage ich, weil das Zeit spart, in drei Revieren gleichzeitig. Auf zwei Sexseiten im Netz – *Grindr* und *Manhunt* – und einer Sexhotline. Bis 23.00 Uhr muss ich jemanden bei mir haben, und bis Mitternacht fertig sein, damit ich gegen 7.00 Uhr wieder aufstehen und ins Fitnessstudio gehen kann, meine Titten in Form halten. Planung ist das halbe Leben.

Über die Kontaktbotschaften der Sexhotline geht es am schnellsten. Aber die rasche Folge der Männerstimmen hat etwas Verstörendes, und manchmal bekomme ich es fast mit der Angst zu tun. Ich springe wahllos von einer Ansage zur nächsten und hoffe darauf, dass eine davon heraussticht und mich aus meinem Trott reißt. Es gibt seltsame, wie »Ich hab mir grade Crystal reingezogen, achtundzwanzig Zentimeter in der Hose, und er sitzt gefesselt neben mir« oder »Ich trage Damenhöschen«. Dann folgt eine verdächtig junge Stimme: »Ich werde alles tun, was Sie wollen, und Ihre persönliche Hure sein, Sir.« Oft nicke ich ein, und die endlose Folge der Stimmen verschmilzt zu einem einzigen, verzweifelten Flehen.

Aber ich gebe nicht auf. Ich wate durch »Lutsch meine Füße – ich zahle dafür« und »Meine Freundin ist bei der Arbeit – sie denkt, ich wäre hetero«, dann »Ich fresse Scheiße und liege schon unter dem Toilettenstuhl« und schließlich ein freundliches »Ich suche ein Date«.

Den Ansagen zuzuhören gleicht einem emotionalen Wechselbad. Die Vergewaltigungsfantasien verängstigen und erregen mich zugleich, ich bin angewidert von den Scheißespielen, die manche anbieten, aber vor allem macht mich die eine, junge Stimme traurig (zu der ich mir sanfte, grüne Augen vorstelle), die sagt, dass sie ein Date sucht und nette Männer kennenlernen möchte. Der Junge muss geistig zurückgeblieben sein, wenn er glaubt, dass eine Sexhotline der richtige Ort dafür ist.

Die Hotline ist das reinste Chaos, aber trotzdem liefert sie mir ziemlich oft brauchbare Typen. Ungefähr jeder Zehnte befindet sich im Umkreis von einer Meile und ist bereit für einen Fick. Fürs Protokoll, ich halte mich immer an die Safer-Sex-Regeln, und bei Schwulen bedeutet das: kein Analverkehr ohne Kondom und nicht schlucken. Mein Motto ist: Negativ und safe bleiben, dann kriege ich mehr berauschenden Sex. Wäre ich positiv, würden sich die Chancen, jemanden abzuschleppen, drastisch reduzieren. Und was wäre dann mit meinem schwarzen Loch?

Meine anderen beiden Jagdgebiete sind online. *Manhunt* ist eine Webseite voller Schwanz- und Arschbilder und scharfer Texte voller animalischer Gelüste. Sie wirkt wie ein Relikt aus längst vergangenen Zeiten, wie eine völlig abgestumpfte Version von *match.com*, mit umfangreichen Profilen, haufenweise Fotos und niedlichen Kategorien wie »Top«, »Bottom«, »Daddy«, »Exhibitionist« oder »Fitness-Junkie«. Die Erfolgschancen sind begrenzt, aber hin und wieder lohnt es sich.

Die letzte und auch neueste Plattform ist *Grindr*, eine iPhone-App, die Männer in der Reihenfolge der Entfernung vom eigenen Aufenthaltsort auflistet. Zum Beispiel: »Bob ist 55 Meter entfernt, bi-neugierig und steht auf Spanking.« Das *Grindr*-Icon auf dem iPhone ist eine seltsame gelbe Maske, die ein bisschen wie ein Totenschädel aussieht. Der Totenschädel fordert einen auf, sich einzuloggen. Nach dem Einloggen wirkt das Ganze allerdings etwas freundlicher. Der Bildschirm des iPhones leuchtet auf und gibt einem (oder mir zumindest, wie ich da im Dunkeln auf meinem Bett liege) das Gefühl, in eine andere, schönere Welt versetzt zu sein. Das *Grindr*-Fenster ist in winzige quadratische Vorschaubilder der verfügbaren Männer unterteilt. Sechzehn davon passen gleichzeitig auf den Bildschirm. Eine kurze Berührung, und man scrollt nach unten und kann sich die nächsten anschauen, Männer über Männer. Die kleinen Vorschaubilder zeigen alles Mögliche, von einem Augapfel in Großaufnahme über einen fülligen Oberkörper oder den Schritt irgendeines Typen bis hin zum Empire

State Building. Einer, der sich »Blue Balls« nennt, hat das Foto einer Bowlingbahn reingestellt.

Sobald man eines der Bilder antippt, kann man sich gegenseitig texten und ist schon auf dem besten Weg zum One-Night-Stand. Auf *Grindr* findet man die jüngsten, schärfsten, merkwürdigsten und verwirrtesten Männer – und die Seite geht ziemlich auf die Augen. Wenn ich in der Dunkelheit durch die winzigen Männergesichter scrolle, kommt es mir immer so vor, als würde ich im Mondlicht auf einer Sommerwiese liegen und vorbeischwirrende Glühwürmchen dabei beobachten, wie sie aufleuchten und gleich wieder verlöschen, in einem ständigen Kreislauf von Licht und Dunkel. Keine Ahnung, woher das kommt. Vielleicht, weil sie genauso ziellos und ungebunden sind. Manchmal spüre ich auch Ruhe und aufkeimende Hoffnung. Mit *Grindr* fühle ich mich in der Dunkelheit weniger allein.

Heute Nacht – ohne Verbindung zum Gratis-WLAN – liege ich nackt und mit Gleitgel beschmiert auf meinem Bettsofa, abgeschnitten von allen Internetpornos, während ich an der Sexhotline hänge und mich auf meinem winzigen iPhone bei *Grindr* einlogge. Es ist schon 22.58 Uhr, und ich frage mich, wo Bing wohl gerade ist.

Manisch wechsle ich zwischen *Grindr* und der Hotline hin und her, habe aber bis kurz vor Mitternacht kein Glück, und dann sacke ich mit dem Telefon in der Hand langsam weg. Im schwindenden Licht des Bildschirms sehe ich, wie mein sexloses, schwarzes Loch langsam zu mir emporsteigt. Etwas, das wie ein knorriger, verrotteter Ast oder wie eine verkrüppelte Hand aussieht, langt nach oben, um mich nach unten zu ziehen.

Ich schlafe ein.

In meinem Traum, der sich langsam auflöst, geht es um eine warme, gemütliche Kiste.

Ich bin gerade erst in meiner stockfinsteren, aber luxuriösen und gut geheizten Wohnung aufgewacht und liege schweißgebadet unter meiner superdicken Daunensteppdecke von Macy's. Mein iPhone schnattert vor sich hin.

Unter der Decke ist es dunkel wie im tiefsten Wald; ich fühle mich sicher und geborgen, wie entrückt in eine himmlische Wildnis, während das Telefon plärrende Geräusche von sich gibt. Ich sehe noch Bruchstücke des Traums mit der Kiste vor mir, die langsam verschwimmen. Ich passe genau in die Kiste. Sie ist aus Pappe – Pappe, die sich irgendwie weich anfühlt, wie Stoff oder Haut. Ich höre zischendes, fließendes Wasser.

Das iPhone hört auf herumzuquaken. Ich bin deprimiert, weil ich glaube, dass ich gerade den denkbar schärfsten Typen verpasst habe, der etwas spät dran war, nur einen Block entfernt ist und einen unglaublich riesigen Schwanz hat. Doch dann meldet sich das Telefon erneut, ich lange danach und stelle fest, dass ich in ein paar Stunden zur Arbeit muss.

Ich kenne seine Stimme nicht, also knurre ich nur, in der Hoffnung, ihm ein paar Informationen zu entlocken. Er ist zwanzig, Latino, hat einen beschnittenen Zwanzig-Zentimeter-Schwanz, kommt aus der Bronx und will, wie er mir sagt, heute Nacht ganz, ganz, ganz dringend gefickt werden. Ich gebe ihm meine Adresse, krieche zurück unter die Decke und hoffe, dass der Traum mit der Kiste zurückkommt. Doch der Anruf hat mich zu sehr erregt. Also sinke ich nicht zurück in meine Traumwelt, sondern drifte immer weiter davon weg. Und mir wird bewusst, dass der Morgen schon unterwegs ist, genauso wie ein merkwürdiger, zwanzigjähriger, kakaofarbener Power-Bottom mit Riesenschwanz aus der Bronx. Ich überlege, ob ich mir eine pflanzliche Melatonin-Schlaftablette einwerfen soll.

Die Klingel meldet sich scheppernd, und ich drücke den Summer. Dabei frage ich mich, wie zur Hölle der Typ so schnell von der Bronx hierhergekommen ist. Bis ich mich vage daran erinnere, dass er angeblich auf irgendeiner Party war, irgendwo ganz in der Nähe.

Ich stehe nackt in der Dunkelheit hinter meiner Wohnungstür. Die Spannung steigt. Ich greife nach meinem Penis und erwecke ihn mit einer Hand zum Leben, und plötzlich mache ich mir Sorgen, dass er viel zu klein und verschlafen ist. Mit der anderen Hand halte ich den Spion offen, damit ich einen Blick auf meinen Besucher werfen kann, bevor ich ihn reinlasse. Wenn er, sagen wir, völlig entstellt oder über sechzig ist oder ein Fleischermesser in der Hand hat, kann ich immer noch mucksmäuschenstill und regungslos dastehen und darauf hoffen, dass er wieder abzieht. In diesen Momenten, wenn ein Fick die vier Treppen zu meiner Wohnung hochsteigt, bin ich immer ganz aufgekratzt. Ein heiterer Rausch, fast wie Unschuld.

Echte Unschuld kann es nicht sein, schließlich bin ich ein abgestumpftes Sexmonster. Aber es fühlt sich jedes Mal an, als würde jetzt etwas Neues kommen. Und während ich den Schritten auf dem letzten Absatz im totenstillen Treppenhaus lausche, taucht irgendwo in meinem Hinterkopf ein zerbrechlicher, kleiner Gedanke von früher auf: dass es der eine, dass es Liebe sein könnte.

Ich kann ihn durch den Spion sehen, und er sieht genauso aus, wie er sich beschrieben hat. Ich seufze, lasse ihn rein und weiß, dass der schönste Teil meines Abends vorbei ist.

Er liegt auf dem Bauch auf meinem Bettsofa; im Zimmer ist kaum Licht, sein Körper ist vollkommen schwarz. Ich glaube nicht, dass er Latino ist, vielleicht ein Mix. Beim Aufreißen wird immer gelogen. Das wird erwartet. Aber er ist wirklich so jung, wie er behauptet hat, das höre ich an seiner Stimme. Und obwohl er unrasiert ist und um die Taille ein bisschen speckig, ist sein Arsch ziemlich prall und hübsch. Er behält seine Kunststoffbrille auf und wartet, während ich mich in Position bringe.

»Also«, sagt er, mit langgezogener Betonung auf dem ›a‹, wodurch er sich wie ein gelangweilter kleiner Junge anhört, »warum fickst du mich immer noch nicht?«

Seine Stimme klingt jetzt sogar noch jünger, und ich frage mich, ob er wirklich schon zwanzig ist – und nicht ein Junge von der Highschool, der mit seiner Crackhurenmutter in einem schäbigen

Sozialbau lebt. Die Vorstellung erregt mich irgendwie, und mein Schwanz wird endlich hart genug, um das Kondom drüberzuziehen. Dann schiebe ich ihn rein. Er hat den Kopf auf seine Unterarme gelegt, und obwohl ich so hart zustoße, wie ich kann, sagt er genauso gelangweilt und monoton wie zuvor: »Geht das nicht härter?«

Wieder stelle ich mir seine Mutter vor, eine fette wütende Crackhure, die zu ihm Dinge sagt wie: »Warum kannst du kein richtiger Mann sein?«, oder: »Du bist eine wertlose Schwuchtel!« Solche Sätze habe ich in Filmen über bedürftige, misshandelte Kinder gehört, die in Armut leben und am Ende auf ein College gehen, wo jemand wie Sandra Bullock ihnen Lesen beibringt. Ich stoße härter und härter zu. Aber er seufzt nur und sagt schließlich: »Wenn du gekommen bist, kannst du ihn rausziehen. Ich muss los.«

Ich bin nicht gekommen, aber ziehe mich bereitwillig zurück. Mir wird klar, dass er hier das Sagen hat. Er steht auf und zieht sich langsam an, ohne mich eines Blickes zu würdigen. Im Halbdunkel versuche ich, mich zusammenzureißen, mich auf einen Ellbogen aufzustützen, um männlich oder cool oder entspannt auszusehen.

»Ich bin froh, dass du gekommen bist«, lüge ich.

»Ja, das glaube ich«, antwortet er.

Dann geht er. Ich habe einen langen Aussetzer und warte geistesabwesend darauf, dass der Morgen endlich anbricht, doch die Nacht scheint festzuhängen. Ich nehme doch eine Melatonintablette und schlafe endlich ein. Aber von der Kiste träume ich nicht wieder.

9. Dezember

Mein Morgen beginnt mit: »Ich will dein Schwein sein, erzieh mich und lass mich deine Pisse trinken.« Es ist eine Nachricht von, nun ja, von ihm. Bei den Textmännern ist es am schwierigsten, den Überblick zu behalten: Es gibt weder Bilder noch Namen. Aber dieser hier schreibt schon seit zwei Monaten, dass er bare durchgenommen werden will, am besten von mehreren und gleich mit dem ganzen Unterarm. Ich frage mich, ob er wirklich »38, durchtrainiert und gut bestückt« ist, wie es in seinem Profil heißt. Oder ein alter, fetter Sack, der an irgendeiner furchtbaren Krankheit leidet und seine Fantasien nur noch in Nachrichten wie dieser hier ausleben kann.

Ich stehe auf und gehe ein paar Schritte durch das Dunkel. Meine Wohnung liegt auf der Rückseite des Hauses. Das ist einerseits ein Segen, weil es so ruhig ist. Andererseits fast ein Fluch, weil kaum Licht reinkommt. Aber mich stört die Dunkelheit nicht – ich finde die gruftartige Atmosphäre beruhigend.

Noch ganz schwach auf den Beinen, fühle ich mich wie ausgehöhlt. Ich male mir aus, dass sich letzte Nacht ein hübscher Serienmörder in meine Wohnung geschlichen, mich im Schlaf ausgeweidet und meinen Brustkorb mit parfümiertem Sägemehl ausgestopft hat, um mich dann wieder zuzunähen und die Narbe mit Max-Factor-Concealer zu kaschieren. Solche Fantasien habe ich am frühen Morgen oft. Sie machen mir nichts. Während ich allmählich zu mir komme, erinnere ich mich nach und nach an den fiesen kleinen

Latinobengel, für den unser Fick gar nicht hart genug sein konnte. Aber dann frage ich mich, ob ich das nicht auch nur geträumt habe.

Zwei große Gläser Eiskaffee später geht es mir etwas besser. Ich gehe zu meinem Adventskalender und hänge eine winzige Stoffpuppe und einen Spielzeugtruck mit Augen an die Haken für den achten und neunten Dezember. Der Tag kann beginnen. Als ich mich wegdrehe, kommt es mir kurz so vor, als würde die Stoffpuppe mich auslachen.

Nach der Dusche betrachte ich mich in meinem Ikea-Spiegel, in dem ich heute besonders geschmeidig aussehe, fast wie gemeißelt. Ich bekomme Lust, ein paar Fotos zu schießen, wie jeden Morgen, und meine Profilbilder auf *Manhunt* und *Grindr* zu aktualisieren. So habe ich einen Vorsprung und erwische die Typen, die schon tagsüber auf der Suche nach Sex sind – heute Nacht muss es klappen, denn sonst …

Denn sonst was? Sonst stürze ich mich wahrscheinlich kopfüber in das schwarze Loch und löse mich auf.

All das geht mir durch den Kopf, während ich in den Spiegel schaue. Plötzlich wird mir klar, wie viel Angst ich davor habe, näher an den Spiegel heranzutreten. Ich mag es nicht, mich von Nahem zu sehen. Ich fühle mich dann alt. Meine Haut hat unter der Sonne gelitten, und ich habe zu viele von diesen abstoßenden Sommersprossen.

Ich mache einen Schritt nach vorn und habe dabei das Gefühl, etwas besonders Waghalsiges zu tun. Noch einen. So weit, so gut. Drei schnelle Schritte. Schließlich noch zwei, und da bin ich, da steht es direkt vor mir: mein Gesicht. Die achtunddreißigjährige, mit Sommersprossen übersäte Stirn, die Krähenfüße, die nicht mehr ganz straffe Kinnpartie. Schnell gehe ich wieder auf sichere Distanz. Jetzt zählen nur noch meine Titten und meine 74-Zentimeter-Taille. Aus anderthalb Metern Entfernung bin ich ein ganzer Kerl, ein geiler Hengst.

Dann schließe ich die Augen und lasse zum ersten Mal seit Monaten meine Schultern hängen, so tief, wie es nur geht. Um mir zu beweisen, dass es mir ernst ist, sage ich laut zum Spiegel: »Wirst du jemals der sein können, der du wirklich bist?« Ich schaue mir den schlanken, blassen, perfekt geformten nackten Körper in meinem Ikea-Spiegel an und sage zu ihm: »Wer zur Hölle bist du eigentlich? Warum lässt du das Versteckspiel nicht einfach sein und versuchst es herauszufinden?«

Es ist völlig still, und mein Kopf ist leer. Die kleine Stoffpuppe am Adventskalender blinzelt boshaft in meine Richtung. Ich möchte ihr eine Nadel ins Auge stechen. Das dumpfe Rumgrübeln nervt. Der Tag muss weitergehen. Ich wichse schnell zu einem verpixelten Video auf meinem iPhone, in dem ein angeblich heterosexueller arabischer Nerd meisterhaft an einem großen körperlosen Schwanz lutscht.

Fürs Erste befriedigt, ziehe ich mich an für die Arbeit. Ich suche mir ein richtig schönes Outfit zusammen, um mich aufzumuntern, denn ich spüre bereits die Folgen der viel zu kurzen Nacht. Außerdem will ich halbwegs anständig aussehen, wenn ich auf dem Weg zur Arbeit einen kurzen Zwischenstopp einlege und meine Tante Flora besuche. Ich sehe sie einmal in der Woche. Sie ist ziemlich alt und könnte jeden Moment abkratzen.

Als ich das Haus verlasse, beschließe ich, dass ich mir heute zehn Dinge überlegen werde, die ich noch tun will, bevor ich sterbe. Ich bin mir sicher, dass ausschweifender anonymer Sex nicht dazugehören wird.

Tante Flora ist ein altes Showgirl und ziemlich viel herumgekommen. Seit ein paar Monaten besuche ich sie regelmäßig. Nach einem leichten Herzinfarkt hatte sie plötzlich den Wunsch, ihren »einzigen lebenden Verwandten« kennenzulernen. Sie ist die kleine Schwester meines verstorbenen Vaters, und sie ist stinkreich. Wenn sie nicht noch einmal heiratet (ihr Ehemann, ein Gastwirt aus Manhattan mit Verbindungen zur Mafia, ist vor Jahren von der Bildfläche verschwunden), nicht wahnsinnig wird oder mich irgendwann satt hat, werde ich es sein, der ihr langsam versiegendes

Vermögen erbt. Ihre verlockendsten Besitztümer sind eine stattliche Dreizimmerwohnung in Manhattans nobler Upper West Side und eine riesige Kunstsammlung, zu der auch ein Pollock und ein Warhol gehören.

Sie ist eine wohlgenährte Frau von achtzig Jahren mit ovalen blauen Augen, glänzendem blonden Haar und einer Haut, die dank professioneller Botoxbehandlungen wieder aussieht wie Porzellan. Sie ist kerngesund und noch ziemlich gut beeinander. Allerdings hat sie die Angewohnheit, längere Zeit einfach nur dazusitzen, ohne ein Wort zu sagen. Bis ihre Gedanken dann plötzlich ins Rotieren kommen, wie ein verstaubter Ventilator, der lange nicht benutzt worden ist, und man von dem Schwall unzusammenhängender Erinnerungen fast weggeblasen wird. Ob ihre Geschichten der Wahrheit entsprechen oder nur ausgedacht sind, weiß ich nicht. Wahrscheinlich ein bisschen von beidem. Am liebsten spricht sie von früher, als ich noch ein sechsjähriger Junge war und sie jeden Sommer zu Besuch auf den Bauernhof meiner Eltern in Arkansas kam – oder sie erzählt von ihrer Zeit auf den Bühnen New Yorks. Ich erinnere mich, dass sie uns jeden Sommer besuchte, bis ich zwölf war. Dann hörten ihre Besuche auf. Ich weiß nicht, warum.

Tante Floras Theaterkarriere (sie nannte sich damals Florence Tanner) lief in den frühen 1960ern hervorragend. Aber als sie heiratete, wurde es schlagartig still um sie. Ich bin mir ziemlich sicher, dass sie sich aus freien Stücken entschieden hat, der Bühne den Rücken zu kehren. Sie hatte immer ihren eigenen Kopf, und auch damals hätte sie sich von niemandem herumkommandieren lassen. Schon gar nicht von ihrem rabiaten Mafioso-Ehemann. Bevor er ein paar Nobelrestaurants kaufte, war er Boxer. Auf den Fotos, die ich von ihm kenne, sieht er ziemlich scharf aus. Ich würde ihn ficken.

Ich bin mit dem Rad zum Apartment meiner Tante gefahren, und jetzt sitze ich ihr gegenüber. Flora hat auf einem thronähnlichen Sessel im Wohnzimmer Platz genommen und ist eingenickt, ihr Kopf ist nach hinten gesunken. Ich glaube, was sie geprägt hat, war, dass sie sich, als armes Mädchen aus Arkansas, im Leben immer durchsetzen musste, gegen unmenschliche Armut und alle möglichen anderen Grausamkeiten – genau wie mein Vater. Dank ihrer exklusiven Kleidung, ihrer kultivierten Ausdrucksweise und des Geldes sieht man ihr die raue Kämpfernatur nicht mehr an. Aber wie ein Skorpion mit Giftstachel sticht sie zu, sobald sie sich in die Enge getrieben fühlt. Jetzt schnarcht sie leise.

Bei meinen Besuchen rede ich nicht viel – hauptsächlich, weil ich befürchte, sie unabsichtlich zu verärgern und dann enterbt zu werden. Aber wenn Flora ins Erzählen kommt, fühle ich mich immer wie ihr Privatsekretär, angestellt, um ihre Biografie zu schreiben. Heute sitzen wir uns schon seit fünfzehn Minuten schweigend gegenüber. Sie hebt den Kopf, aber ihre Augen bleiben geschlossen. Dann leckt sie sich die Lippen, wie eine erschöpfte Katze.

Ich sitze auf einer Chaiselongue. Wie eine Puppe, die jemand dort hindrapiert hat. Ich lasse meinen Blick durch den Raum schweifen und stelle mir vor, wie ich die antiken Möbel für eine schicke kleine Orgie umstellen würde. Wir sitzen vor einer hohen Fensterfront, die einen schönen Ausblick auf die West End Avenue bietet. So ist es jedes Mal, wenn ich sie besuche: Immer das gleiche Arrangement, und immer steht ein Teller mit Ingwerkeksen auf einem kleinen Tischchen zwischen uns. Keiner von uns rührt die Kekse an. Wir müssen eben beide auf unsere Linie achten.

»Ich möchte dir etwas zeigen«, sagt sie und reißt, plötzlich hellwach, die Augen auf.

Dann zieht sie eines ihrer vielen Fotoalben hervor. Ich muss zugeben, dass ich diese Besuche, so kurz und belanglos sie sind, als sehr tröstlich empfinde. Hier wird nichts von mir erwartet, und ich glaube sogar, dass Flora manchmal vergisst, wer ich bin. Es fühlt sich fast anonym an, und das gefällt mir. Außerdem ist es schön, mit jemandem Zeit zu verbringen, den ich nicht vögeln will.

»Komm, setz dich zu mir«, sagt sie. Dabei klopft sie leicht auf einen barocken, mit Troddeln behangenen Fußhocker neben ihr.

Aufgeschlagen ist das Album bei einem Schwarzweiß-Foto. Auf

der linken Seite des Bildes steht eine junge, wirklich bezaubernde Flora, in einem bodenlangen Abendkleid. Ihr Haar ist nach hinten gekämmt und zu einer Betonfrisur fixiert. An ihrer einen Hand, mit der sie ein Glas Sekt hält, prangt ein riesiger Diamantring.

»Das ist die Fotze«, sagt sie sanft und zeigt auf die Frau auf der rechten Seite.

Ich liebe es, wenn sie flucht. Dabei wird sie immer ziemlich derb.

Die andere Frau auf dem Foto, ein dunkler exotischer Typ mit fülligen schwarzen Haaren, ist kleiner und kurvenreicher als Flora. Sie lächelt filmreif in die Kamera, und ihre enormen Brüste drängen sich fast aggressiv aus ihrem figurbetonten weißen Kleid, das mit Perlen bestickt und äußerst tief ausgeschnitten ist.

Flora sieht – jetzt und auf dem Foto – etwas verbittert und geknickt aus. In ihren Augen liegt mehr Wut als Schmerz. Doch ich glaube, dass die Wut nur dazu da ist, den Schmerz zu verdecken, und plötzlich spüre ich zwischen uns eine unerwartete Verbindung, die mir unangenehm ist. Es ist wohl an der Zeit zu gehen. Ich sollte nicht zu spät zur Arbeit kommen.

»Er hat das Foto geschossen, das Arschloch. In derselben Nacht hat er es mit ihr getrieben«, fährt Tante Flora fort.

Sie schlägt das Album zu, was hoffentlich bedeutet, dass mein Besuch für diese Woche beendet ist.

»Ich habe es ihnen heimgezahlt«, sagt Flora, um mit der Erinnerung abzuschließen. Ihre Augen schließen sich wieder.

Während ich noch auf ein Zeichen warte, dass ich gehen soll, versuche ich mich an den Tod ihres Mannes zu erinnern. Mir fällt wieder die Doppelbeerdigung meiner Eltern in Arkansas ein, zu der Flora nicht erschienen war.

Nach der Beerdigung hatte ich vollkommen apathisch auf einem ungepolsterten Stuhl in dem bescheidenen, maroden Landhaus meiner Eltern gesessen. Ich schüttelte die schwieligen Hände von Männern und Frauen, die das ganze Jahr über im Freien arbeiten, und lauschte dem rührseligen Gemurmel unbekannter Stimmen, die Sinnloses sagten.

Die Beerdigung war noch schlimmer gewesen. Ich wollte mich nicht am offenen Sarg von ihnen verabschieden. Um mich herum erhob sich leises Getuschel: Ich wäre nach meinem Umzug an die Ostküste ein bisschen verrückt geworden, was irgendwie sogar stimmte. Besser erinnere ich mich an den jungen Burschen, mit dem ich am Abend desselben Tages Sex hatte, auf der Veranda meiner Eltern. Er war der Sohn irgendeines Nachbarn, und man hatte ihn wie alle anderen in der Stadt zum Bestattungsinstitut geschleppt. Mit seinem Overall und seiner dreckigen Mütze sah er dämlich und schmuddelig aus, ihm fehlte ein Zahn, und er war gebaut wie ein Linebacker. Auf mich wirkte es affektiert, wie er sich durch die Menge kämpfte, um mir dann irgendetwas völlig Belangloses zu sagen, etwas wie »Mein herzliches Beileid« oder »Sie waren tolle Leute.« Abartig dumme Bauerntrampel, alle miteinander, dachte ich.

Aber dieser Bursche. Er hatte eine seltsame Wirkung auf mich an diesem Tag. Auf dem Friedhof wollte ich ihn gar nicht mehr loslassen, als er meine Hand schüttelte, weil ich mich aus Grundschulzeiten an ihn erinnerte. Ich erinnerte mich an die Dinge, die wir früher miteinander getrieben hatten – Dinge, nach denen ich mich in diesem Moment verzweifelt sehnte, um diese freudlose, dreckige kleine Beerdigung und das plötzliche Ende meiner Eltern aus dem Kopf zu bekommen. Ich fragte ihn, ob er später vorbeikommen könne, um mir beim Umstellen einer Chiffarobe zu helfen. Das war eine dreiste Lüge, denn ich wusste zwar, dass eine Chiffarobe ein besserer Kleiderschrank ist, besaß aber gar keine. Die Idee hatte ich aus einer Szene in dem Film *To Kill a Mockingbird*, in der die billige weiße Tussi den einheimischen Schwarzen bittet, ihre Chiffarobe zu zertrümmern – um ihn dann umso besser triezen zu können.

Mein Landei zu verführen, war einfach – er war eindeutig schwul, eindeutig ungeoutet und verzehrte sich förmlich nach körperlicher Zuwendung. Es war sehr warm für einen Novemberabend, und im Lichte des Vollmonds lutschte ich dem Bengel auf der Veranda meiner Eltern so heftig den Schwanz, dass ich würgen musste.

Doch ich ließ nicht von ihm ab. Der Schmerz, der Brechreiz in meinem Hals, der salzige Geschmack seines fetten Schwanzes und der Gestank seiner mit Gras und Kuhdung beschmierten Stiefel direkt vor meiner Nase – all das bewirkte, dass ich endlich aufschluchzte und zu weinen anfing, heftig und laut, ungehemmt und lang. Ich weinte wie nie zuvor in meinem Leben. Wie ein Mann, den man gerade zum elektrischen Stuhl führt, oder wie jemand, der gerade von einem sadistischen Serienmörder ausgeweidet wird. Dieser dumme Bauernjunge fickte einfach weiter mein Gesicht. Seinen Blick, in dem sich Mitleid und Schuldgefühle mischten, hatte er abgewendet – er verstand, dass ich auf meine eigene, verkorkste Weise trauerte.

Floras Kopf hängt schlaff nach vorn, sodass ich schon befürchte, dass sie gleich aus ihrem Sessel fällt. Sie öffnet ihre großen blauen Augen und schließt sie wieder, nickt und deutet mit der Hand eine Bewegung an, die mir zu verstehen gibt, dass ich den Weg zur Tür ja kenne. Das tut sie jede Woche, wenn sie genug hat. Ich frage mich, ob sie gerade träumt.

Als ich hinausgehe, denke ich kurz darüber nach, ob ich ihre Pose wohl imitieren und dazu nutzen könnte, lästigen One-Night-Stands klarzumachen, dass es nun an der Zeit wäre, sich zu verziehen. Die Tür fällt ins Schloss, und auf dem Weg zur Arbeit verlieren sich meine Gedanken an Flora und die Vergangenheit.

Bei meiner Arbeit fühle ich mich taub und teilnahmslos, ein schreckliches Gefühl, das ich wegzuwischen versuche, indem ich es Langeweile nenne. Alles, was der Wahrheit näher käme, ist mir derart unangenehm, dass ich, wenn ich daran denke, sofort in jedem Loch einen Schwanz brauche. Ich arbeite in einem Frauenzentrum, das sich vor allem um Opfer häuslicher Gewalt kümmert. Mein Gefühl, mit all dem nichts zu tun zu haben, hat drei Aspekte – was mich daran erinnert, dass ich bei meiner nächtlichen Jagd nach Sex ja auch auf drei Wegen gleichzeitig zum Ziel zu kommen versuche. Aber eine tiefere Bedeutung hat das wahrscheinlich nicht. Obwohl mir eine Wahrsagerin mal erklärt hat, die Zahl Drei wäre meine Glückszahl.

Erster Punkt: Die Frauen, die ins Frauenzentrum kommen, um hier ihre Betreuerinnen zu treffen, sind immer fröhlich – Patty, Gertie und wie sie alle heißen, oder Emma, die noch blutjung und voll auf Zyprexa ist, einem Antipsychotikum. Ich höre ihr ständiges Lachen und wie sie sich übers Einkaufen unterhalten. Eine andere, Suzy, singt andauernd, aus vollem Halse, laut und schief. Sie ist blind und klopft mit ihrem Gehstock den Rhythmus mit. Ihr Typ hat ihr Säure ins Gesicht und die Augen geschüttet.

Das bringt mich auf den zweiten Punkt: Während sie lachen, singen und plappern, übertrage ich ihre Fallgeschichten aus schäbigen Ordnern in den Computer. Ich tippe Dinge ab wie »Täter hat Suzy geblendet« oder »Täter hat Raven vergewaltigt und zwei Tage lang in einen Schrank gesperrt«. Meine Aufgabe ist es, die lange Liste des Schreckens, die den Graben zwischen mir und den fröhlichen Frauen weiter aufreißt, in Datensätze umzuwandeln. In den zwei Jahren, die ich bereits hier arbeite, habe ich neben Abtippen auch einen Haufen anderer Arbeiten erledigt. Meine Kompetenzen reichen von Partyplanung bis zum Putzen des Kühlschranks. Aber meinen Job habe ich nur, weil das Frauenhaus den kläglichen Versuch macht, auf der Höhe der Zeit zu bleiben. Um ihn mir zu erhalten, bin ich dazu übergegangen, die Daten etwas langsamer einzugeben.

Und drittens hat das Gefühl, von allem abgekoppelt zu sein, mit ... nun ja, mit mir zu tun. Um mit der Langeweile oder dem Widerwillen – oder was immer es ist – klarzukommen, durchquere ich mindestens einmal am Tag den Gruppenraum, in dem sich immer die Frauenselbsthilfegruppen treffen, um mich auf dem kleinen Klo dahinter einzuschließen. Ich ziehe mich aus und schieße Fotos von mir und meiner Latte, werfe mich in Pose und lasse meine Muskeln spielen. Die Bilder poste ich dann auf *Grindr*, um einen Nachmittagsfick klarzumachen. Während ich die Fotos mache, denke ich an rein gar nichts und achte auch nicht auf die sanften Frauenstimmen hinter der Tür, die über Selbstachtung und Selbstliebe reden.

Ich schieße einfach meine Fotos, betätige die Klospülung und gehe zurück an meinen Schreibtisch.

Heute habe ich von meinem iPhone aus vier neue, heiße Bilder auf *Grindr* hochgeladen, und schon stehen mir zwei Kandidaten zur Auswahl. Einer davon ist gerade mal fünf Blocks entfernt, das ist in einer verlängerten Kaffeepause zu schaffen. Meine Mittagspause opfere ich nur, wenn sich etwas wirklich Besonderes ergibt, so was wie ein College-Typ, der sich in seiner Footballuniform ficken lassen will, während sein Freund zuschaut. Etwas wirklich Geiles.

Die Selbstachtungsgruppe macht für heute Schluss, die Frauen verlassen den Gruppenraum. Ich hänge über meinem Computer und tippe angestrengt, damit ich möglichst beschäftigt, schlecht gelaunt und unansprechbar aussehe und alle begreifen, dass ich gerade einen Migräneanfall habe. Mit Migräne kann man Fehlzeiten immer begründen. Niemand kann einem nachweisen, dass man sie nur vorgetäuscht hat. Und den meisten scheint Migräne regelrecht unheimlich zu sein, als fürchteten sie, sich anzustecken. Meine Oma bekam immer Migräne, wenn sie Schokolade aß. Von daher würde ich sagen, dass meine Anfälle so gut wie echt sind. Ich zweckentfremde ihre höllischen Schmerzen, über die sie sich niemals beschwert und für die sich niemand interessiert hat.

Mit solchen Schwindeleien rechtfertige ich ziemlich häufig mein Verhalten. Während sich die blinde Suzy mit ihrem Stock in Richtung Ausgang tastet, gebe ich gerade eine alte Akte über ihren Fall in das neue System ein. Es ist mir unangenehm, vertrauliche Details über sie zu lesen, während sie blind an mir vorbeihumpelt und einen Tina-Turner-Song schmettert.

»Die suizidale Phase war nur Einbildung. Notiz an Dr. Caldell. Medikation der Klientin muss genau überwacht werden. Obwohl es seit sechs Jahren keine Übergriffe gab, glaubt die Klientin seit dem Säureangriff und den Verletzungen durch die Nagelpistole, vom Täter verfolgt zu werden. Notiz an …«

Ich kann diesen Seelenschrott nur häppchenweise und in kurzen Schüben abtippen. Die Frauengruppe hat sich verlaufen, und die Sozialarbeiterinnen haben sich in ihre Büros zurückgezogen, um welke Pflanzen mit Wasser zu besprühen und endlose Telefonate zu führen. Ich bin allein an meinem Schreibtisch.

Ich schreibe meinem Einsiedlerfreund Michael, dem Maler, der sich geschworen hat, das Haus erst wieder zu verlassen, wenn er zehn Pfund abgenommen hat.

»Was treibst du so?«

Ich warte. Der Bildschirm des iPhones verdunkelt sich, und ich fühle mich, als würde ich ins Bodenlose fallen. Michael ist mein einziger Nicht-Sexfreund. Wir haben uns letzten Sommer an einem regnerischen Sonntagnachmittag kennengelernt, als wir beide auf dem schwarzen Brett der LGBT-Community ziellos nach Freizeitangeboten suchten. Wir unterhielten uns darüber, wie schrecklich Titel wie »Schwules Sporttauchen für Senioren« und »Bi-Bridge-Club« sind. Etwas später sprachen wir dann über unsere persönlichen Probleme, unsere verkorksten Beziehungen, aber absichtlich nur sehr vage.

Er antwortet.

»Fett, fett, fett. Schaue grad Oprah. Ich bin ein Wal. Lady Orca. Harpune, erbarme dich meiner.«

Wenn er mit seinen »Ich bin fett und hasse mich selbst«-Tiraden anfängt, kann man nichts mehr machen. Von Zeit zu Zeit gönne ich mir eine Fressorgie ganz gern, um meinen Frust zu betäuben. Aber mir ist klar, dass ich ihm besser nichts davon erzähle. Einmal habe ich Michael gesagt, meine einzige Liebe wäre Papa John, der Pizzabäcker. Er war zutiefst beleidigt. Ich bin heute nicht in der Stimmung ihn aufzumuntern, also schreibe ich zurück: »Du übertreibst. Chefin ist grad reingekommen.«

Ich logge mich auf *Grindr* ein und werde schnell fündig. Er nennt sich »F«. Das winzige Profilbild zeigt seinen riesigen Schwanz. Er arbeitet in einem nahe gelegenen Friseursalon.

»Komm rüber«, schreibt er, »ich bin ganz in der Nähe.«

Meine Sexfantasien welken dahin, weil ich mir einen Mann mittleren Alters mit dicken blonden Strähnen vorstelle, der die *Golden Girls* mag und mit dem Griff eines Föhns gefickt werden will.

Während ich über sein Angebot nachdenke, schickt mir F eine weitere Nachricht: »Habe dreiundzwanzig Zentimeter.«

Ich stelle mein »Bin in der Kaffeepause«-Schild auf den Tisch, fahre den Computer runter und verschwinde aus dem Büro.

Michael schreibt mir: »Bin ich ein Trottel?«

»Auf keinen Fall. Kann grad nicht reden. Viel zu tun«, lautet meine Antwort.

Manchmal ist es besser, den Leuten genau das zu sagen, was sie hören wollen.

Der Laden riecht nach Bleichmittel. Ich glaube zwar nicht, dass Blondierung dasselbe ist wie Clorox-Bleiche für weiße Bettlaken, aber trotzdem beschwört der Geruch das Bild meiner Mutter herauf, die an einem heißen Sommertag frisch gewaschene, feuchte Laken von der Waschmaschine zu den Wäscheleinen im Hinterhof schleppt. Oft lag ich auf der Wiese und sah ihr dabei zu, wie sie meterweise nasse Baumwolltücher aufhängte – sie wirkte dann energisch und zielstrebig, aber zugleich auch wütend und traurig.

Wie es scheint, bin ich gerade nicht in der Verfassung, einen sexy Auftritt hinzulegen.

Sein Name ist vermutlich Claude – und nicht »F«, wie er auf *Grindr* behauptet. Jedenfalls ist »Claude's« der Name, der an der Tür dieses schicken kleinen East-Village-Salons prangt. Und in seiner letzten Nachricht hat er geschrieben, dass der Laden ihm gehört. Also gehe ich rein, sage »Hi, Claude« – und er guckt mich an, als hätte ich ihm soeben ein Steakmesser in den Arsch gerammt.

Ich frage mich, ob ich lieber »Na, du Stecher« hätte sagen sollen, schließlich sind gerade keine Kunden da. In diesem Augenblick beginnt ein winziger Hund zu kläffen. Ich stehe noch zu weit weg, aber ich glaube, Claude schwitzt. Verärgert presst er die Lippen aufeinander und wendet sich dem Kläffer zu, einem italienischen Windhund. Mit dem Rücken zu mir packt Claude den Hund am Halsband und wirft ihn in das Hinterzimmer. Wortwörtlich.

Irgendwie macht es mich an, dass er den Hund so rabiat behandelt. Claude scheint ein richtiges Arschloch zu sein, mit dem man heftigen, heißen, hemmungslosen Sex haben kann. Langsam wächst meine Erregung. Als Claude näher kommt, bemerke ich eine Linie aus kleinen tätowierten Ameisen, die seinen rechten Arm hochkrabbeln. An der Wand hinter ihm hängen zwei riesige Fotos von Jane Fonda aus den 70ern und drei verchromte Haartrockner. Darunter befindet sich ein elegantes schwarzes High-Tech-Waschbecken mit einer flippigen pinken Duschbrause.

Claude kommt direkt auf mich zu, legt seine Hände auf meine Brust und lächelt. Seine Zähne sind grau, ein absoluter Lustkiller. Wenn ich das ganze noch abbrechen will, muss ich das jetzt tun. Ich könnte irgendwas murmeln wie: »Bist nicht mein Typ« oder »Sorry, Kumpel«. Aber ich weiß, dass ich auf eine hübsche, kleine Depression zusteuere, wenn ich meine Zeit hier verschwende. Ohne Abgang überstehe ich den restlichen Arbeitstag einfach nicht. Noch eins dieser grässlichen Frauentreffen, und ich bin fertig. Also lange ich ihm grob in den Schritt, fühle seine Erektion, und sie ist riesig. Ich schließe die Augen, um ihn zu küssen, aber er hat den Kopf weggedreht, sodass ich seinen Mund verfehle. Auf meiner Zunge schmecke ich Blondierungsmittel. Der Hund kläfft laut.

Claude tritt ein paar Schritte zurück, um die Musik aufzudrehen. Kelly Clarkson – höre ich eigentlich ganz gern, aber nicht beim Sex. Er streift seine Hose und seine Unterwäsche ab und winkt mich zu sich rüber. Einen Schritt vor ihm gehe ich auf die Knie und krieche ungeschickt auf seinen Schwanz zu, wobei mir ein silbernes Piercing an seiner Eichel auffällt, dessen bloßer Anblick mich zum Würgen bringt. Nur bin ich jetzt schon viel zu weit gegangen. Also schließe ich die Augen und fange an, das Teil zu lutschen. Der Hund bellt immer lauter, und so schnell wie möglich wichse ich mich zum Orgasmus.

Mittlerweile bin ich ziemlich geübt darin, mir in Höchstgeschwindigkeit einen runterzuholen – für den Fall, das alles aus dem Ruder läuft, so wie jetzt. Ein bisschen mildert der Orgasmus meinen Frust über diesen jämmerlichen Fick.

Claude hat gerade erst angefangen, das Ganze zu genießen. Mit ungläubig gefurchter Stirn tritt er einen Schritt zurück und starrt die Spermapfütze auf dem glänzenden Fliesenboden an. Der Hund kläfft immer noch.

»Mann, warum hast du mir nicht gesagt, dass du schon so weit bist?«

Ich stehe auf, ziehe meinen Reißverschluss hoch und mache einen Schritt nach hinten. Ich finde, dass Claude zu alt ist, um Sätze mit »Mann« zu beginnen.

»Es ist 'ne ganze Weile her. Sorry. Du bist ziemlich heiß«, sage ich mit so viel Enthusiasmus, wie ich aufbringen kann – viel ist es nicht.

Ohne mich noch einmal umzudrehen laufe ich zur Vordertür des Salons, während Claude dem Hund bösartige Drohungen zubrüllt. Als sich die Tür hinter mir schließt, höre ich noch, wie eine Hand dem Kläffer mächtig den Arsch versohlt. Auf dem Weg zurück zur Arbeit stelle ich mir vor, wie ich eine deutsche Dogge ficke. Aber das ist selbst mir zu abartig.

Zurück am Schreibtisch blocke ich Claudes Profil auf *Grindr*.

10. Dezember

Meine Eltern sind seit über zehn Jahren tot. Geschwister habe ich keine und bedaure das, ehrlich gesagt, nicht. Ich vergleiche meine Eltern immer mit einem Regenschauer: ein Hintergrundrauschen, wechselhaft und doch verlässlich, etwas, das kommt und wieder geht, zugleich aufwühlend und – beim Einschlafen – beruhigend. Ich weiß nicht, warum sie nicht mehr für mich sind, aber so ist es nun einmal.

Früher habe ich sie jeden Sommer auf ihrem Bauernhof in Arkansas besucht, aber niemals zu Weihnachten. Weil die Flüge um die Zeit immer so teuer sind. Das jedenfalls war meine Ausrede, und sie hatten keine Einwände.

Auf mich machten sie immer einen zufriedenen Eindruck. Wenn ich an ihren Unfall zu Thanksgiving denke, sehe ich sie vor mir, in dem kirschroten Pick-Up meines Vaters. Sie sind fröhlich und schmiegen sich aneinander, während sie auf der nassen, gewundenen Landstraße durch die Nacht gleiten. Ein schneller Tod, ein Tod, der Klasse hat. Ich denke immer an sie, wenn Weihnachten vor der Tür steht, und das ist wahrscheinlich ganz normal. Aber zu lange will ich mich nicht mit ihnen beschäftigen. Ich glaube, die Besuche bei Tante Flora haben meine Erinnerungen ein bisschen aufgewühlt. Ich hänge ein kleines Elfengesicht aus Filz an den Adventskalender meiner Mutter und setze mich auf den Boden vor der Kochnische. Soll doch die Elfe der fiesen kleinen Stoffpuppe Gesellschaft leisten.

Meine Wochenendsexorgie zu planen, wird mich von diesem sinnlosen Nostalgiescheiß ablenken. Heute war die Arbeit besonders langweilig, träge und trostlos. Um den Tag zu überstehen, habe ich mir die Sexmonster ausgemalt, die ich diesmal in meinen Schoß locken werde.

Ich sollte mit meinen Gedanken bei meiner Wochenendorgie sein. Aber was mir durch den Kopf geht, ist nicht mehr der College-Wrestler, den ich mir beim Mittagessen herbeifantasiert habe. Stattdessen sehe ich mich selbst, wie ich neben einem riesigen Käfig kauere. Dann bin ich in dem Käfig und schaukle fröhlich auf einer Stange hin und her, wie Tweetie in einem dieser Warner-Brothers-Cartoons. Meine letzte große Wochenendorgie ist schon Monate her und endete damit, dass ein dürrer Stricher mich mit einem Messer bedrohte und mein Portemonnaie und ein Paar Gucci-Slipper mitgehen ließ. Aber das wird mir nicht noch einmal passieren. Diesmal wird es heiß, ein Riesenspaß. Schließlich ist Weihnachten, und ich habe es mir verdient.

Weil ich letzte Woche kaum Weißbrot gegessen habe, ist mein Bauch flach, und ich sehe frisch und ausgeruht aus. Heute Morgen habe ich einen Haufen Fotos in meiner superknappen 2Xist-Unterwäsche geschossen, die den Schritt – und den Eingriff, und was dahinter liegt – besonders betont. So sieht mein Schwanz viel größer aus, als er in Wirklichkeit ist. Aber es ist mir scheißegal, dass ich die Männer damit hinters Licht führe. Bei einer Orgie kommt es darauf an, Kerle in meine Wohnung zu locken. Wenn sie erst einmal hier sind, bleiben sie auch, normalerweise.

Neun Fotos sind wirklich gut geworden, und auf dreien linst meine Latte vorwitzig hinter dem blau-grau gestreiften Bund hervor. Sobald die Bilder auf *Grindr* und *Manhunt* hochgeladen sind und auf meinem DVD-Player ein Porno läuft, kann ich bei der Hotline anrufen und meinen dreigleisigen Fischzug beginnen. Ich fühle mich wie Caligula – als blutjunger, sexbesessener Kaiser. Lange bevor er vollkommen abdrehte.

Ich lege mich für ein Nickerchen aufs Sofa, um nachher fit zu sein. Vor Mitternacht wird sowieso nicht viel passieren.

11. Dezember

Im schummrigen Licht sieht er scharf aus.

Speedoboy ist definitiv kein »Boy« mehr. Er geht stramm auf die vierzig zu und ist unglaublich schlank, fast schon hager. Niemals zu reich, zu dünn oder zu gut bestückt. Seine Speedo ist königsblau und sitzt äußerst eng. Er lächelt die ganze Zeit. Aber ich wünschte mir, er würde damit aufhören, denn er sollte dringend einen guten Kieferorthopäden aufsuchen.

Ich lasse mich rücklings aufs Sofa fallen. Speedoboy stürzt sich mit einem Hechtsprung auf mich und landet dann mit seinem torpedoschlanken Körper direkt auf mir. Er hat einen großen Schwanz, und wäre er nicht so grob und übereifrig, würde sich das Ganze auch gut anfühlen. Seine langen dürren Arme stützen sich auf die Rückenlehne des Sofas, und sein »Oh, Scheiße! Ja, Baby!«-Geschrei wird immer lauter, als plötzlich auf meiner Schulter ein einzelner Blutstropfen landet. Mir fällt die Heilige Agnes ein, die Tränen aus Blut weinte. Ich bin katholisch erzogen worden und erinnere mich an ein Schulprojekt, bei dem ich Scherenschnitte von allen Heiligen anfertigen sollte, die im Dezember geboren sind.

Speedoboy ist aufgesprungen und liegt jetzt auf dem Boden. Er liegt völlig still, die Finger auf seine winzige Nase gepresst.

»Ist gleich wieder vorbei«, sagt er.

Ich habe noch nie jemanden getroffen, der Probleme mit Nasenbluten hatte, also sitze ich einfach nur da, warte ab und hoffe, dass er irgendwas sagt. Während wir schweigen, läuft der Porno weiter, wie seichte Hintergrundmusik auf einer Party. Ein jugoslawischer Wrestler führt gerade ein ernstes Gespräche mit einem seiner Schüler. Untertitel wandern durchs Bild. Es ist merkwürdig, dass niemand Sex hat. Die Pornodarsteller diskutieren, und mein Sexdate atmet schwer und drückt sich die Nase zu. So hatte ich mir den Auftakt zu meiner Wochenendorgie nicht vorgestellt. Plötzlich schieben sich die beiden Wrestler gegenseitig die Zunge in den Mund. Speedoboy springt auf und ruft: »Es geht mir wieder besser.«

Ich stehe auf und gehe zur Kochnische, um etwas Wasser zu trinken.

»Ist alles in Ordnung?«, fragt er verwirrt. Als sei ich es gewesen, der das verfluchte Sofa vollgeblutet hat.

»Ich brauche eine Pause«, antworte ich, so ausdruckslos wie möglich.

Speedoboy sieht niedergeschlagen aus. Er zieht sich an und lässt dabei die Schultern immer tiefer hängen. Er fummelt weiter an seiner Nase herum und geht langsam zur Tür.

Ich stecke in einer Krise. Drei Typen von *Grindr* sind gerade »auf dem Weg«, was so ungefähr gar nichts bedeutet. Über die Hälfte der Männer, die gerade »auf dem Weg« sind, verschwindet einfach und ward nie wieder gesehen. Für ihre winzigen *Grindr*-Bilder gilt dasselbe. Manchmal frage ich mich dann, ob es sie je gegeben hat. Wollte »Latino8« wirklich vorbeikommen, oder bin ich eingedöst und habe das nur geträumt?

Eigentlich hatte mir Michael eine Nachricht geschickt.

»Noch sieben Pfund, und ich bin bereit, mich der Welt zu zeigen.«

Ich würde gern antworten, aber ich kann nicht riskieren, dass er eine ausgewachsene SMS-Diskussion vom Zaun bricht. Das würde mich zu sehr ablenken, also werde ich mich erst später bei ihm melden. Ich hänge eine ausgebleichte Zuckerstange an den Adventskalender, neben das Elfengesicht.

Im Moment habe ich überhaupt kein Zeitgefühl. Dem Typen nach Speedoboy habe ich eine Abfuhr erteilt. Ein namenloser Kerl von der Hotline, der behauptete, er sei muskelbepackt und würde es wild mit mir treiben wollen. Als er dann in Basecap und Lederjacke vor meiner Tür stand, sah er aus wie ein verwirrter, alter Säufer, der sich gerade einen runtergeholt hat. Seine Hände zitterten, und seine Augen wirkten trüb, hatten aber einen schönen Blauton. Am liebsten hätte ich ihn umarmt und umgehend ins Krankenhaus gebracht, aber ich sagte nur: »Nicht mein Typ« – und schloss schnell die Tür. Ich hörte noch ein dumpfes Seufzen, dann Schritte, die langsam die Treppe hinunterstiefeln.

Die drei »auf dem Weg«-Typen von *Grindr* kommen nicht vom Fleck, und meine Lider werden schwer und schwerer. Plötzlich klingelt es. Ich habe keine Ahnung, wer das sein könnte, aber ich drücke den Türöffner und hoffe auf das Beste.

Er nennt sich »TantricZ« und sieht gar nicht so schlecht aus: Wellige rote Haare und ein Gesicht, das an einen leicht verbrauchten Harrison Ford denken lässt. Ein bisschen füllig, aber sehr gut gekleidet.

»Ich will nur an dir rumspielen, du brauchst mich nicht anzufassen. Lass mich einfach nur deinen Schwanz verwöhnen«, sagt er.

Ich fühle mich geschmeichelt. Mir fällt ein, dass er keiner von den *Grindr*-Männern ist. Er könnte von der Hotline kommen oder sonst woher – ich gebe meine Adresse völlig wahllos heraus. Also lehne ich mich zurück, und er beginnt, mich sanft zu streicheln, als wäre er eine Massagefee, die plötzlich in meinem Zimmer erschienen ist. Ich fühle mich umsorgt. Als er kurz aufhört, rieche ich den Gestank von Poppers. Er hält sich eine kleine Flasche unter die Nase und inhaliert das Amylnitrit, eine freiverkäufliche schwule Partydroge, die so ähnlich wirkt wie Farb- oder Benzindämpfe.

»Ich bin dein Sklave«, flüstert er.

Dann schiebt er irgendetwas über meine Eichel. Die Massagefee droht, sich in einen wahnsinnigen Serienmörder zu verwandeln. Ich blicke nach unten und sehe einen schmalen violetten Gummiring an meinem Schwanz. Durch einen dünnen Draht ist er mit einem kleinen pinkfarbenen Kästchen verbunden. Als der Kerl das Ding anstellt, beginnt es zu kitzeln und zu prickeln. Wie winzige Finger. Ich lehne mich zurück, aber vorsichtig, denn das Teil steht unter Strom und der Typ zieht sich schon wieder Poppers rein. Er murmelt etwas in sich hinein, Worte in einer fremden Sprache – der tantrischen Sprache der Sexsklaven. Wie er so dasitzt, mit geblähten Nüstern an seinem Fläschchen schnüffelt und gutturale Laute von sich gibt, verliert er auch den letzten Rest seiner Attraktivität. Und damit falle ich raus aus der Fantasiewelt, in der sich meine Sextreffen abspielen. Dieser banale, alltägliche Geruch verdirbt einfach alles. Ich sinke immer schneller in die Dunkelheit, die mich normalerweise nur heimsucht, während ich allein in der Badewanne sitze. Da ist es wieder, mein schwarzes Loch.

Es gibt nichts Schlimmeres, als in mein schwarzes Loch zu stürzen, wenn ich gerade mit einem einigermaßen anregenden Fick beschäftigt bin. Meine Augen sind geschlossen, das pinke Plastikteil kitzelt meine Eichel, mein Sexsklave verströmt seinen mit Poppers geschwängerten Atem – und immer deutlicher sehe ich vor mir die Schwärze. Ich spüre einen schrecklichen Druck auf meinem Gesicht. Man könnte denken, ich sei den Tränen nahe, aber das ist es nicht. Da sind keine Tränen. Da ist nur Schwere, die langsam meinen Kopf einhüllt. Der Raum um mich fühlt sich unglaublich klein und eng an, während sich ein unsichtbarer Schal um meinen Hals legt und mir die Kehle abschnürt.

Ich presse die Lippen zusammen, meine Augen pochen. Meine Wangen fühlen sich an, als hätte sich meine Mundhöhle mit magischem Wasser gefüllt, das zuerst leicht wie Luft wirkt, dann aber immer dickflüssiger und fester wird. Natürlich gibt es weder dieses Wasser noch den Schal. Ich habe nichts im Mund und auch nichts im Gesicht, also zwinge ich mich, die Augen zu öffnen, konzentriere mich auf den TantricZ-Typen und versuche, wieder in Fahrt zu kommen.

Er betrachtet mich aufmerksam. Dann legt er den Kopf auf die Seite, und sein Gesicht wirkt plötzlich sanft und gelöst wie eine

Welle. Als würde er mir in meinem schwarzen Loch zur Seite stehen wollen.

»Du bist der traurigste Mann, den ich je gesehen habe«, sagt er.

Dann sammelt er seine Sachen zusammen, entfernt vorsichtig das pinkfarbene Gerät von meinem Penis, verstaut sein Poppersfläschchen und geht.

Es muss sich dringend etwas ändern.

Ich lehne nackt an der Tür und wichse mit einer Hand meinen Schwanz, damit er hart bleibt, mit der anderen halte ich den Spion offen. Noch einen alten oder langweiligen Mann halte ich nicht aus, und auch keinen Tantrasklaven, der mir sagt, ich wäre traurig. Wenn dieser Kerl nicht gut aussieht, blase ich meine Wochenendorgie ab, bestelle bei Papa John's eine fettige Pizza mit haufenweise Fleisch und sehe mir Cartoons an.

Es ist ein Typ von *Grindr*, der sich »Jocko« nennt. Durch den Spion wirkt er charmant, jung und männlich. Und ein bisschen so, als hätte er es nötig. Ich sehe mir sein kleines Gesicht genau an, während er auf die Tür starrt und nicht ahnt, dass ich ihn beobachte. Der Blick durch den Spion erinnert mich an die Fotos auf *Grindr*. Als er zögerlich hereinkommt, denke ich, dass selbst solche winzigen Bilder ziemlich viel über eine Person aussagen.

Jocko hat eine große Campingtasche dabei. Er schaut mich nicht an, was mich nach der Geschichte mit TantricZ regelrecht erleichtert. Mit großen Schritten stapft er durch meine Wohnung, stellt seine Tasche ab und beginnt, sich auszuziehen. Beide sagen wir kein Wort. Ordentlich faltet er seine Jogginghose, seine Socken und sein Shirt zusammen und legt den Kleiderstapel neben der Tasche auf den Boden. Ich vermute, dass er Mitte zwanzig ist. Man sieht ihm an, dass er viel trainiert. Er ist unglaublich schlank und auf seinem Bauch zeichnen sich die Muskeln ab. Sein Haar ist kurz geschoren.

Sobald er sich ausgezogen hat, schaut er mich an – vielleicht ein wenig zu lang. Und in diesem Moment ist er ein Spiegelbild meiner selbst: dieser trostlose, leere Blick, dieses verzweifelte Suchen.

Zum Glück fährt er dann unvermittelt mit der Hand über seinen flachen Bauch, hinunter in seinen Schritt, und endlich vergesse ich mich. Denn darum geht es hier schließlich. Sein weißer Jockstrap ist alt, schäbig und ausgeleiert. Das Teil ist mit grauen und gelben Flecken übersäht – wahrscheinlich wurde es jahrelang mit Pisse, Sperma und Speichel getränkt. Der Typ reibt seinen Schwanz, der sich unter dem Stoff ziemlich eindrucksvoll aufbäumt.

Er deutet mit dem Kopf nach unten. Vermutlich soll ich mich an ihm zu schaffen machen, also gehe ich vor ihm in die Knie. Es riecht grauenhaft, was mich zugleich anwidert und anmacht. Sein leises Stöhnen verrät seinen Fetisch für derartige Gerüche. Ich öffne den Mund und sauge an dem stinkenden Ding, lutsche daran, befeuchte es, knabbere am Rand des Jockstraps und versuche, den jahrealten Dreck herauszusaugen. Er hört gar nicht mehr auf zu stöhnen, und ich bin froh, dass ich endlich einen heißen, schmutzigen Fick bekomme. Je länger ich sauge, desto widerlicher riecht und schmeckt es – und desto weiter entfernt sich mein schwarzes Loch. Ich bin jetzt nur noch die personifizierte Abscheu dieses athletischen Typen. Seine schlanken jungen Hände bewegen meinen Kopf energisch vor und zurück. Ich liebe dieses ekelhafte Ding in meinem Mund. Es ist absolut befreiend, und ich will, dass es immer so weitergeht – was es eine ganze Weile lang auch tut.

Dann schiebt er mich plötzlich weg und deutet auf mein Schlafsofa. Als ich mich hinlege, kramt er in seiner Tasche, und mir schießt der übliche *American Psycho*-Gedanke durch den Kopf: »Holt er jetzt seine Kettensäge raus?« Doch als er stattdessen sechs weitere Jockstraps und drei Hodenschützer hervorholt, werde ich neugierig.

Der große Sportsmann bin ich nicht, und habe deswegen noch nie Intimschutz tragen müssen. Aber die Vorstellung, dass Hockey- oder Football-Spieler sich so ein Ding über ihre dicken Eier stülpen, hat mir immer gefallen. Jetzt stürzt er sich auf mich, ohne Zögern und ohne auf mich Rücksicht zu nehmen, und drückt mir einen seiner weißen, harten Hodenschützer aufs Gesicht. Ich muss an die Sauerstoffmasken denken, die bei Flugzeugabstürzen aus ihren Luken fallen sollen, und an die abgerundeten, glatten Genitalpartien von Ken-Puppen. Der Intimschutz passt genau über meine Nase und meinen Mund. Er riecht etwas eigenartig, aber kein Vergleich zu seinem ekelhaften Jockstrap. Während Jocko ihn auf mein Gesicht presst, spielt er mit meinem Schwanz. Er grunzt und wirkt zufrieden. Ich genieße die verschiedenen Eindrücke – der moschusartige Geruch des Intimschutzes, die Hände auf meinem Körper.

Eigentlich würde ich ihn gern küssen, aber Jocko hat die Situation so fest im Griff, dass ich es nicht wage. Er nimmt den Hodenschutz von meinem Gesicht und greift sich einen anderen, der innen verstärkt ist. Ein »gepanzerter« Jockstrap, der mir größer als die gewöhnlichen vorkommt – vielleicht ein Modell für überdurchschnittlich gut bestückte Rugbyspieler. Er presst das Teil so grob auf mein Gesicht, dass es unangenehm auf meine Wange drückt, aber ich beschwere mich nicht, denn ich will auf keinen Fall, dass er aufhört und geht. Also schließe ich die Augen, lasse es zu, dass er ihn immer fester und fester auf mein Gesicht presst und versuche, den Geruch noch tiefer einzuatmen, weil ich annehme, dass ihn das anmacht. Dabei fällt mir ein Roman ein, den ich heimlich im Schuppen meiner Eltern gelesen habe: *Geschichte der O.* Ich erinnere mich auch an den SM-Film *Neuneinhalb Wochen* mit Kim Basinger und Mickey Rourke, als er noch kein Face-Lifting hatte. Während ich weiter die Gerüche des Hodenschutzes inhaliere, stelle ich fest, dass all diese Figuren eines miteinander gemein hatten: Sie waren voller Leidenschaft.

Ich hoffe, Jocko bleibt den ganzen Tag oder auch zwei und übernimmt völlig die Kontrolle über mein Leben. Der Hodenschutz hat sich mittlerweile in meine Haut geschnitten, und winzige Blutstropfen sammeln sich auf meiner Wange, was mir leider Speedoboy und sein Nasenbluten ins Gedächtnis ruft. Das Blut rinnt an der Plastikkante des Jockstraps entlang. Offenbar findet Jocko das unheimlich scharf, denn in diesem Moment kommt er und verspritzt sein Sperma auf meinem Bauch. Er nimmt den Intimschutz wieder an sich, betrachtet ihn wie einen wertvollen Schatz und wischt mit einem der anderen die Blutspuren ab. Dann zieht er sich an, packt seine sieben Sachen und verschwindet in Windeseile, ohne mich noch einmal anzusehen.

Ich liege immer noch auf dem Sofa, traurig und doch zufrieden, und mir fällt auf, dass sich diese Typen nie richtig verabschieden.

12. Dezember

Mit Ausnahme von Jocko war meine Wochenendorgie ein ziemlicher Flop. Um nicht doch noch in meinem schwarzen Loch zu versinken, beschließe ich, ein dreckiges Finale zu organisieren, das mich völlig auslaugen und mir so den Wiedereintritt in den Arbeitsalltag ermöglichen wird.

Seine Name ist »Pig«. Das ist so unverblümt, dass ich neugierig geworden bin. Er will, dass ich ihm ein paar Schläge verpasse und ihn anspucke. So was habe ich zwar noch nie gemacht, aber ich denke, allzu schwierig wird das nicht sein. Ich schreibe Pig, dass er in zwei Stunden vorbeikommen soll. In den letzten beiden Tagen habe ich nur sehr wenig gegessen, also bestelle ich bei Papa John's eine Pizza, um mich zu stärken, und hänge eine Schneeflocke an den Adventskalender.

Ich hülle mich in meinen Bademantel, den ich im letzten Moment etwas lockere, um die Neugier des Pizzaboten zu wecken. Er ist Mexikaner und bemerkt, dass ich halb nackt vor ihm stehe. Aber er wirkt unglaublich gehetzt. Zurzeit scheint wirklich jeder in Eile zu sein.

Während ich im Dunkeln sitze und esse, spiele ich mit dem Gedanken, den Sex Sex sein zu lassen und mich stattdessen in ein Fressgelage zu stürzen. Ich könnte Pig absagen oder sein Klingeln einfach ignorieren, wenn er schnaufend vor der Tür steht. Ich denke darüber nach, ob ich mir nicht eine Fünf-Pfund-Packung

Cheez-It-Kräcker, einen französischen Deluxe-Käsekuchen von Entenmann's und einen Becher Ben & Jerry's Chubby-Hubby-Eiscreme besorgen soll. Aber dieser Plan verflüchtigt sich, als ich im Internet einen unglaublich derben Gratisporno finde und mich entschließe, doch auf mein süßes kleines Ferkel zu warten.

Er kommt von der Hotline, und seine Selbstbeschreibung war so vage, dass ich ihn mir ausmalen kann, wie ich will. Also liege ich auf dem Boden und stelle mir vor, dass gleich etwas Wunderbares und völlig Verrücktes passieren wird. Die Heizungsrohre zischen. Es klingt, als wäre eine Katze in der Wand eingemauert. Während ich so daliege und auf Pig warte, fühle ich mich plötzlich zurückversetzt in meine Kindheit. Vielleicht liegt es daran, dass mich sein Name an Bauernhöfe erinnert, an *Wilbur und Charlotte*. Vielleicht ist es auch das Essen, das mich schläfrig macht. Oder der Schlafentzug, der mich allmählich in den Wahnsinn treibt.

Hier drinnen wird es jetzt richtig warm, was mir gefällt. Jetzt klingt das Zischen zugleich wie eine Katze und wie eine Schlange. Ich höre gedämpfte Stimmen – das Nachbarpärchen. Mir wird bewusst, dass ich sie vermisst habe. Sie müssen übers Wochenende weggefahren sein, es war auffällig still. Ihre Stimme bricht in schrilles Gelächter aus. Ich fange an zu schwitzen und gönne mir ein paar Minuten Schlaf.

Als ich aufwache, ist es stockfinster, und ich liege immer noch auf dem harten Boden. Das Zischen hat aufgehört. Mein iPhone leuchtet. Pig hätte schon vor Stunden hier sein müssen, also schicke ich ihm eine Nachricht: »Was ist los?«

Er reagiert sofort: »Auf'ner Party. Kann jetzt kommen.«

Ich zögere und frage mich, ob es das Nickerchen oder das Essen war, was meiner öden Wochenendorgie ein vorzeitiges Ende bereitet hat. Am liebsten würde ich in der trostlosen Dunkelheit aufs Sofa kriechen und friedlich weiterschlafen, bis ich wieder zur Arbeit muss.

»Du darfst mir in den Mund spritzen«, leuchtet es auf dem Bildschirm.

Pigs abenteuerliches Angebot bringt mich dazu, meiner Orgie noch eine letzte Chance zu geben, also schicke ich ihm meine Adresse und warte. Ich werde ihm nicht erlauben, mich zu berühren. Wenn er sich von allen möglichen dahergelaufenen Typen in den Mund spritzen lässt, ist er nicht safe, und wer weiß, was er sonst noch alles macht. Ein vernünftiger Mann würde ihm von vornherein absagen, aber ich habe nie behauptet, vernünftig zu sein. Schließlich war mein Penis erst gestern an ein pinkfarbenes Gerät angeschlossen.

Ich werde mit Pig nicht viel machen. Ein echtes Finale wird es nicht werden, eher ein kurzer Epilog, bis dann mein nächstes großes Abenteuer beginnt. Es klingelt. Ich bleibe an der Tür stehen, aber dieses Mal lasse ich den Spion zu. Schwungvoll öffne ich die Tür und stehe nackt im Hausflur, warte unruhig auf mein Schwein. Als er den letzten Treppenabsatz erklimmt, blinzelt er mich japsend und schwitzend an, und ich muss an das Schwein aus dem Kinderbuch denken, das prustet und pustet und schließlich das Haus wegbläst.

Er hat ein schönes Gesicht, aber ich bezweifle, dass er wirklich achtundzwanzig ist – seine Schläfen sind schon ergraut. Wenn er nicht so stämmig wäre, könnte er trotzdem recht gut aussehen. Er kommt herein, ein bisschen verlegen, aber er grinst.

Pig sagt, er liebt mich dafür, dass ich so voller Wut bin.

Immer noch angezogen kniet er auf meinem blauen, geblümten Tanglewood-Teppich von JC Penney. Er wird sich nicht entkleiden – bei seinem Fetisch geht es um etwas anderes.

Ich trete einen Schritt zurück und verpasse ihm einen heftigen Schlag, dann atme ich tief durch und spucke ihm ins Gesicht. Mein Speichel sammelt sich auf seiner glänzenden Wange. Ich finde, er sieht hübsch aus – wie ein fröhlicher kleiner Junge auf einer Weihnachtsfeier, das Gesicht voll klebrigen Plätzchenteigs, in den sich ein paar Regentropfen gemischt haben. Pig bringt mich auf die seltsamsten Gedanken, und nichts davon ergibt einen Sinn. Er schließt die Augen und wirft erwartungsvoll den Kopf in den Nacken. Ich verpasse seiner anderen Wange ebenfalls eine Ohrfeige, aber mein Mund ist zu trocken, um ihn noch einmal anspucken zu können. Dann legt er seinen Kopf in meinen Schoß.

»Lutschen, du dreckiges Schwein«, befehle ich.

Er zögert, was wahrscheinlich bedeutet, dass ich ihn wieder schlagen muss. Ohne Züchtigung spielt er nicht lange mit, und ganz unerwartet ist aus unserem kleinen Treffen doch noch ein gelungenes Finale geworden. Als ich ihm noch eine gegen den Kopf gebe, knackt es. Möglicherweise habe ich ihm gerade eine Gehirnerschütterung oder einen Tumor verpasst, und er fällt jetzt ins Koma und muss dann eine Lobotomie bekommen – aber das ist mir vollkommen egal. Es fühlt sich gut an, wenn meine Hand auf seinen harten Schädel trifft, und er stöhnt und bettelt nach mehr, also schlage ich immer wieder zu. Schließlich spucke ich ihn noch einmal an, packe ihn an den Haaren und reiße seinen Kopf nach oben.

»Du Drecksau! Quiek für mich, kleines Ferkel!«

Natürlich gehorcht er aufs Wort, lässt sich rücklings auf meinen Tanglewood-Teppich fallen und quiekt. Ich frage mich, ob das niedliche Nachbarpärchen jetzt glaubt, ich hätte mir zu Weihnachten ein kleines Hängebauchschwein gekauft. Der Vermieter erlaubt keine Haustiere.

Er wälzt sich immer noch grunzend vor mir, streckt seine Zunge heraus, und plötzlich finde ich seinen Anblick abstoßend: die verfilzten Haare, der Bluterguss an seinem Ohr, der viele Schweiß. Entschlossen, die Sache zu Ende zu bringen, kümmere ich mich um meinen Schwanz und spritze ihm ins Gesicht. Pig liegt mit offenem Mund da, seine spermaüberströmte Zunge hängt ihm aus dem Mund. Er hält seinen Mund weit offen, und ich stelle mir vor, er wäre ein verzauberter Märchenprinz. Ein Frosch, der auf einen Kuss wartet, der ihn in etwas anderes verwandelt, sodass er nicht länger der fette, schwitzende Mann auf meinem Teppich ist. Ich stehe auf, strecke mich und hole mir ein Glas Wasser. Ich schaue nicht zu ihm hin und höre nur, wie er sich unter Seufzen, Stöhnen und Gemurmel seine Jacke anzieht. Ohne mich umzudrehen, stehe ich am Waschbecken und warte, hoffe, dass er einfach verschwindet.

Ich brauche nicht lange zu warten. Die Tür öffnet und schließt sich leise. Ich weiß, dass ich ihn nie wiedersehen werde.

13. Dezember

Nach der Nacht mit Pig erwache ich gereizt und schlecht gelaunt. Es ist ein grauer, hässlicher Morgen, und ich habe das Gefühl, mein Leben in den Sand gesetzt zu haben. Im Moment will ich keinen Sex, also beschließe ich, vor der Arbeit Tante Flora einen Besuch abzustatten. Ich brauche Ablenkung, um mich wieder einzukriegen, vielleicht auch einen Ingwerkeks, bevor ich bereit bin, mich dem Tag zu stellen.

Auf der Fahrt durch die Stadt werde ich wieder ein bisschen munterer, und ich bin froh, den Tag auf diese Weise begonnen zu haben. Als ich mein Rad vorm Haus anschließe und hineingehe, fühle ich mich um Welten besser. Im Aufzug aber meldet sich mein leerer Magen, und mich überkommt unerwartet eine böse Vorahnung.

Die Tür von Tante Floras Apartment steht einen Spaltbreit offen. Sehr seltsam. Normalerweise ist immer abgesperrt, und ich muss die Tür erst aufschließen. Nach ein paar Besuchen hat sie mir einen Wohnungsschlüssel gegeben, was ich etwas gewagt fand. Aber was weiß sie schon über mich. Sie würde wohl kaum annehmen, dass ich mich eines Tages hineinschleiche, um auf ihrem Mahagoni-Esstisch einen zugedröhnten Typen zu ficken.

Schnell schlüpfe ich in die Wohnung, ignoriere meinen Fluchtinstinkt und vertraue darauf, dass es eine logische Erklärung für die offene Tür gibt. Ich bin erleichtert, als ich im Wohnzimmer Floras

Assistentin Lottie sehe, ein Mobiltelefon an ihr Ohr gedrückt. Lottie, die schon ein halbes Leben lang für Flora arbeitet, hat etwas von einem Ungeheuer. Ihr riesiger Kopf geht unmittelbar in breite Schultern über, ihr Körper ist fast quadratisch. Sie hat lange, glatte, abwaschwasserbraune Haare, trägt hässliche Billigklamotten und dazu weiße Krankenhausschlappen. Wir haben uns schon ein paarmal gesehen. Ihr auffälligstes Merkmal ist ihr Grunzen. Sie untermalt selbst banalste Aussagen damit, dass sie ihren gewaltigen Kopf zwischen ihre trollähnlichen Schultern klemmt und in ein tiefes, nasales Gelächter ausbricht. Wenn ich Flora besuche, ist sie normalerweise nicht da.

Als sie mich sieht, löst sie sich von ihrem Telefon und setzt schon zum Sprechen an, hält aber inne. Sie wartet einen Moment, dann schüttelt sie heftig ihren riesigen Kopf und deutet in die Richtung von Floras Schlafzimmer.

»Geh«, sagt sie, »deine Schwester wartet schon.«

Grunz.

Wir sind einander nie richtig vorgestellt worden, aber ich bin ein wenig schockiert, dass sie mich für Floras Bruder hält. Ich gehe durch den Flur, der zum Schlafzimmer führt, vorbei am bogenförmigen Eingang einer großen, ungenutzten Küche. Bei meinen Besuchen sitze ich mit Tante Flora immer im Wohnzimmer. Ihr Schlafzimmer habe ich noch nie gesehen. Im Flur hängen Bilder von meiner Familie. Eins zeigt meine Eltern auf einem Traktor – sie sehen wahnsinnig jung und fröhlich aus. Meine Mutter trägt äußerst knappe Shorts und ein kariertes Top mit Kragen, das an der Taille zusammengeknotet ist. Ihre Haare sind hochgesteckt, ihre Lippen voll. Sie sieht schön aus. Mein Vater sitzt neben ihr, hinter ihm meilenweit nichts als Felder, einen Arm hat er um ihre Schulter geschlungen. Er ist schlank und trägt nichts als eine Latzhose. Zwischen seinen Fingern baumelt eine halb aufgerauchte Zigarette. Zusammen sehen die beiden fantastisch aus, aber ich habe das Gefühl, diesen Leuten nie begegnet zu sein. Meine Eltern, wie ich sie kannte, sind allenfalls blasse Kopien des Paars auf dem Foto.

Ihr Leben bestand aus der unendlichen Wiederholung einer immer gleichen, leidenschaftslosen Routine.

Das nächste Bild zeigt meinen Vater und mich. Ich bin noch ganz klein, vielleicht drei Jahre alt, und trage ein niedliches Outfit: hellbraune Shorts und ein weißes kurzärmeliges Hemd, dazu eine gepunktete Fliege. Ich bin barfuß, stehe auf Zehenspitzen und umklammere fröhlich lächelnd die Hand meines Vaters. Er trägt einen braunen Wollanzug. An diesen Tag und dieses Bild kann ich mich überhaupt nicht erinnern. Ich kann mich nicht einmal daran erinnern, je so glücklich gewesen zu sein. Vielleicht handelt es ja um einen Jungen aus der Nachbarschaft, der mir auffällig ähnlich sieht.

Ein langes, gedehntes Stöhnen dringt durch den Spalt unter der geschlossenen Schlafzimmertür. Wird Flora da drinnen womöglich flachgelegt? Von einem vornehmen älteren Herrn? Oder hat Lottie einen jungen Callboy bestellt, um etwas Pepp in ihren Alltag zu bringen? Ich gehe in Richtung Stöhnen und hoffe auf Letzteres.

Aber natürlich werden meine Hoffnungen enttäuscht.

Das Schlafzimmer sieht aus, als wäre es einem Roman von Charles Dickens entsprungen. Ich glaube, das altmodische Himmelbett, die beiden mit Samt bezogenen Sessel und der Schminktisch aus Marmor könnte ich nach Tantchens Tod problemlos bei Sotheby's versteigern. Sie würden mir einen Haufen Geld bringen.

Flora liegt begraben unter einem Berg von Decken. Neben dem Bett steht ein großer Porzellankrug. Ihr Kopf liegt bequem auf einem Kissen, aber ihre Haare, die sie normalerweise ordentlich zurückkämmt und zu einem Zopf zusammenbindet, liegen kraftlos um ihre Schultern. Trägt sie eine Perücke? Ihre Augen wirken abwesend.

Ich will auf der Stelle kehrtmachen und wegrennen, gehe dann aber doch ein paar Schritte auf das Bett zu, diesmal ohne Angst, sie womöglich zu beleidigen.

»Reue«, sagt sie.

Schlagartig öffnen sich ihre Augen, und sie richtet sich kerzengerade auf, wie eine Besessene.

»Benny, du gottloser Kerl, komm näher«, entfährt es ihr, während sie mich anstarrt und auf die Bettkante neben ihr klopft.

Ich habe keine Ahnung, wer Benny ist, aber ich folge der Aufforderung, neugierig darauf, was die alte Flora noch aus ihrem offenbar wahnhaften Ärmel schütteln wird. Mit einem raschen Blick suche ich den Nachttisch nach Medikamenten ab (und entdecke sechs weiße Tablettenfläschchen und eine lange Röhre, die mit irgendeiner Flüssigkeit gefüllt ist). Flora ergreift meine Hand.

»Was bereust du am meisten?«, fragt sie mich. »Ich meine, was bereust du so sehr, dass du es hasst, dich daran zu erinnern, dass du dir wünschst, es wäre nie geschehen?«

Weder bin ich Benny, noch ist mir klar, ob sie mich erkennt oder völlig benebelt ist von ihren Medikamenten, also gebe ich ihr keine Antwort. Ich sitze hier fest, hier neben ihr, und während sie schwer atmend meine Hand umklammert, kann ich nicht anders, als ihre Frage in Gedanken doch zu beantworten. Diese seltsame alte Frau beschwört schreckliche Erinnerungen herauf. Ich wünschte, ich wäre direkt zur Arbeit gegangen.

Vor einigen Jahren hatte ich ein Erlebnis, das dem Sexleben der meisten Leute wahrscheinlich einen heftigen Dämpfer verpasst hätte. Wenn es um hemmungslosen, ausschweifenden Sex geht, bin ich natürlich nicht ganz wie die meisten. Aber diese eine Sache würde ich gerne ungeschehen machen. Ich hatte danach fast zwei Wochen lang keine Lust auf Sex.

Damals nutzte ich nur die Telefonhotline, um Männer aufzureißen. *Grindr* oder *Manhunt* hatte ich noch nicht entdeckt, und meistens hatte ich nur am Wochenende Sex, unter der Woche nicht. Das tägliche Bedürfnis nach Sex setzte erst nach der Trennung von Ben ein, meinem Exfreund.

Es war im Sommer. Ich hatte den Tag im öffentlichen Schwimmbad an der East Side verbracht, das kleiner ist als die meisten anderen Bäder der Stadt – deren Becken so groß sind wie bei olympischen Spielen, und vollgestopft mit kreischenden Kindern. Das Bad an der East Side wird hauptsächlich von jungen Latinos besucht.

An diesem Tag war da diese kleine Bande von Teenie-Gangstern. Einer der Jungs hatte einen rasierten Schädel und einen strammen Körper. Er kam mir bekannt vor. Während er an sich herumfummelte, zwinkerte er mir zu.

Ich wusste nicht, ob ich ihm in einer versteckten Ecke einen blasen sollte oder ob er mir dann meinen schwulen Schädel wegpusten würde. Also ging ich. Weil mich die Situation aber irgendwie angemacht hatte, durchforstete ich am selben Abend die Hotline und wurde von einem Mann mit kratziger Stimme in ein Loft in Midtown eingeladen – zu einem wilden Gruppentreffen, wie er es nannte.

Mittlerweile schnarcht Flora leicht, aber sie hält meine Hand immer noch umklammert. Ich versuche sie zu befreien, doch bei der kleinsten Bewegung wird ihr Griff nur noch fester, also schließe ich die Augen und versinke in reuevollen Erinnerungen an jene Nacht.

Das Loft, in dem die versprochene Orgie stattfinden sollte, befand sich in einem grauen, unscheinbaren Gebäude. Ein erschöpfter, faltiger Türsteher brüllte die Treppe hoch, um sicherzustellen, dass ich erwartet würde. Dann brachte er mich zu einem Aufzug und schickte mich in den fünften Stock. Als sich die Tür wieder öffnete, sah ich vor mir einen großen, dunklen, fast leeren Raum. Nur auf dem Boden lagen einige Abdeckplanen, auf denen sich ein halbes Dutzend nackter Männer räkelte. Sie waren alle recht jung, was mich überraschte. Rauchschwaden waberten durch den Raum, aber ich konnte weder Crackpfeifen noch Zigaretten entdecken. Kein Laut war zu hören. Ein muskelbepackter, dunkelhäutiger Kerl nahm mich in Empfang, küsste mich und begann dann, mich zu entkleiden. Ich hätte sofort abspritzen können – der Typ im Schwimmbad hatte mich sowieso schon scharf gemacht, und nun stand ich in einem Loft, das mir wie ein notgeiles Jugendlager vorkam.

Doch wurde die ganze Sache ziemlich schnell ziemlich hässlich.

Flora schnarcht immer noch leise, und ich würde jetzt wirklich gerne gehen. Ich muss hier raus, weg von dieser alten Frau, ihren uralten Fotos im Flur und den unerträglichen Erinnerungen an grauenhaften Sex, die aus meinem Kopf hervorkriechen. Wo bleibt Floras Reue? Das alte Miststück hat damit angefangen. Warum erzählt sie mir nicht eine ihrer Geschichten, um mich von mir selbst abzulenken?

Als ich mich endlich von ihr losreißen kann und schon gehen will, überkommt mich eine weitere verschwommene Erinnerung an jene Nacht in dem Loft, und ich sehe einen Jungen vor mir, der ein Ohr verloren hat.

Der kräftige, dunkelhäutige Typ, der mich geküsst hatte, führte mich zu einigen nackten Männern, die auf einer der Plastikplanen im Kreis standen. Sie umringten einen Jungen – wie es schien, im Highschool-Alter. An seinem Arm baumelte eine Nadel, als hätte eine verwirrte Krankenschwester sie dort vergessen. An seinen Nippeln hingen Klammern, genau wie an seinem Sack, der sich rasch lila verfärbte, wie eine ranzige kleine Trockenpflaume. Einer der Männer fing an, dem Jungen einen großen schwarzen Dildo in den Arsch zu schieben. Der Junge rührte sich nicht, sodass ich schon fürchtete, er wäre vielleicht tot. Mit so etwas hätte ich nicht umgehen können. Der kräftige Typ biss mir in den Nacken, dann machte sich ein anderer an meinem Ohr zu schaffen.

»Wir machen die kleine Schlampe fertig, wir ficken die Schlampe so hart, ja, ja, ja, wie der Teufel.«

Scheinbar hatten sie dem Jungen schon eine ganze Weile lang zugesetzt, und ich wusste, dass ich abhauen musste. Aber noch bevor ich dazu kam, lehnte sich ein großer dürrer Mann mit einem dürren, hin und her baumelnden Schwanz über den Jungen. Mit einem Rasiermesser schnitt er ihm gekonnt das halbe Ohr ab. In hohem Bogen schoss Blut aus der Wunde, die Männer stöhnten auf, und ich schwöre, dass irgendjemand zu singen begann. Ich rannte weg.

Ich schließe leise die Tür, um Flora nicht zu wecken, und verlasse so schnell wie möglich ihre Wohnung. Doch die beschämendste Erinnerung an jene Nacht bekomme ich einfach nicht aus dem Kopf. Als ich im Fahrstuhl nach unten fuhr, bloß weg von diesem kurzen, aber schreckenerregenden Intermezzo, hatte ich die ganze Zeit einen Ständer.

Immer und immer wieder habe ich versucht, diese Erinnerung aus meinem Gedächtnis zu löschen. Plötzlich hasse ich Tante Flora, dickes Erbe hin oder her. Sie ist eindeutig eine Art Hexe. Zum ersten Mal freue ich mich auf meine eintönige Arbeit. Ich glaube, meine eigenen Erinnerungen sind manchmal schlimmer als die grauenerregenden Fallakten, die ich jeden Tag abtippen muss.

Ein langer, eintöniger Arbeitstag. Den Besuch bei Flora schiebe ich schnell beiseite, tippe Akten in den Computer und drifte in Gedanken völlig ab.

Es kommen keine Sexangebote. Niemand reagiert auf meine Anmache bei *Grindr* oder *Manhunt*. Michael antwortet nicht auf meine Nachrichten, was bedeutet, dass er wahrscheinlich wieder etwas zugenommen hat und vollauf damit beschäftigt ist, in seinem eigenen schwarzen Loch zu versinken. Ein Loch aus Fett. Mehr tot als lebendig trotte ich durch den ersten Tag der Arbeitswoche und gehe, zu Hause angekommen, früh zu Bett. Ich hänge einen religiös aussehenden Stern an den Adventskalender, dann tröste ich mich mit *Family Guy*-Cartoons und einem Blech voll klebriger, im Ofen aufgebackener Zimtschnecken von Pillsbury. Der fettige Teig liegt mir schwer im Magen. Dann falle ich endlich in den ersehnten Schlaf.

14. Dezember

Es ist 4.00 Uhr morgens.

Ich wache auf, völlig erschöpft, und greife nach meinem iPhone, das ich immer neben mein Bett lege – wie ein Kind seinen Teddy, damit er nachts aufpasst. Noch halb versunken in meinen traumlosen Schlaf, logge ich mich bei *Grindr* ein. Immer, wenn ich den ganzen Tag mit der sexlosen Leere meines Jobs verbracht habe, packt mich dasselbe Verlangen. Kurz vorm Morgengrauen muss ich dann herausfinden, was gerade los ist, was ich verpasst habe, und ob mir vielleicht jemand geschrieben hat, dass er gefickt werden will.

Auf *Grindr* entdecke ich ein stilvolles Vorschaubild, das einen Mann und einen winzigen Schwan zeigt. Es fasziniert mich. Allmählich werde ich richtig wach. Ich setze mich auf und schaue mir das Foto auf der Profilseite genauer an. Der Mann hat einen schlanken, schönen Hals, steht im Freien und blickt über eine Felsschlucht. Am meisten beschäftigt mich der kleine Schwan im Bildhintergrund, der über einen grünen See gleitet. Das Bild ist kaum größer als eine Briefmarke, aber gestochen scharf. Es sieht aus, als wäre es im Urlaub aufgenommen worden. Ich stelle mir vor, dass der Mann nach etwas sucht. Sein Profiltext – aus dem normalerweise seine Schwanzgröße oder seine sexuellen Vorlieben hervorgehen würden – lautet schlicht: »Fotografien. Keine Verpflichtungen. Profi.«

Ich beschließe, ihm zu texten, und mir wird etwas schwummerig. Ich fühle mich seltsam, als würde ich eine Art Wunderland betreten. Er ist tatsächlich online – der Schwanenmann ist um 4.00 Uhr morgens auf *Grindr* unterwegs. Also schicke ich ihm eine Nachricht.

»Hey.«

Während ich auf eine Reaktion warte, lässt das Leuchten des Bildschirms langsam nach, bis er sich schließlich abschaltet. Ich bleibe in völliger Dunkelheit zurück und überlege, ob ich aufstehen oder die Hotline anrufen soll, oder ob ich einfach versuche, noch ein paar Stunden zu schlafen, bis der Wecker klingelt.

Dann höre ich dieses seltsam gurgelnde Geräusch, das *Grindr* immer macht, wenn man eine Nachricht erhält. Als würde ein Zackenbarsch unter Wasser rülpsen. Keine Ahnung, was einem das Geräusch sagen soll. Es klingt anders als alles, was mein iPhone sonst so von sich gibt. Jedenfalls höre ich das Unterwassergurgeln, und es ist der Schwanenmann.

Mein Herz schlägt ein wenig schneller. Ich fühle mich hoffnungsvoll und froh. Wenn man einen neuen Chatfreund gefunden, eine neue *Grindr*-Bekanntschaft gemacht hat, ist alles möglich.

Bevor ich seine Antwort lese, halte ich einen Augenblick lang inne, um diesen Moment der Hoffnung auszudehnen, denn vielleicht schreibt er ja nur, dass ich ihn in Ruhe lassen soll. Tatsächlich habe ich in letzter Zeit eine ganze Reihe Chataffären – richtige, lange Gespräche, die sich manchmal über mehrere Wochen hinziehen. Wir reden, beziehungsweise schreiben, die ganze Zeit miteinander und verraten uns nach und nach unsere Geheimnisse, zum Beispiel: »Ich habe Angst im Dunkeln«, oder: »Ich ziehe mir gerne Poppers rein und lasse mich dann von zwei Typen gleichzeitig lecken«, oder: »Ich steh auf Elastan«, oder auch: »Ich wurde adoptiert«.

Natürlich nicht unbedingt in dieser Reihenfolge. Die persönlicheren Nachrichten flattern rein, wenn ich mitten im Rausch bin, normalerweise spät in der Nacht, so wie jetzt. Ich bin mir ziemlich sicher, dass einige der Männer auf Drogen sind. Aber trotzdem glaube ich daran, dass ich mich vielleicht, eventuell, möglicherweise, irgendwann einmal in einen von ihnen verlieben werde. Denn sind sie nicht genauso verstört wie ich? Mein Alter Ego, meine bessere Hälfte liegt irgendwo da draußen in der Dunkelheit, allein auf einem Ausziehsofa und gibt irgendeinem gesichtslosen Niemand die tiefsten Geheimnisse seiner Seele preis. Irgendwie glaube ich noch immer an die romantische, große Liebe, von der ich früher geträumt habe. Ich bin eben absolut kindisch und schäme mich nicht dafür.

Diese kurzen Profiltexte sind so geheimnisvoll, vage und offen gehalten, dass ich mir den Mann dahinter ausmalen kann, wie ich will – woran er glaubt, was er denkt, seinen Mumm, sein großes Herz. All das sehe ich hinter den Buchstaben auf dem winzigen iPhone-Bildschirm. Mir meine Sexchat-Freunde zusammenzubasteln, schenkt mir ein etwas unheimliches Gefühl von Erfüllung. Wenn ich spät nachts nicht schlafen kann, stelle ich mir vor, dass die Nachrichten mir der Reihe nach in mein schwarzes Loch folgen würden – als hätte sich mein Darm von meinen restlichen Eingeweiden gelöst und zu einer langen Schnur ausgerollt. Mit den Nachrichten wäre ich nicht allein. Die Worte der Textmänner würden mir Gesellschaft leisten.

Jetzt bin ich so weit. Ich öffne seine Nachricht.

»Hi«, schreibt er.

Ich bin erleichtert.

Nach meiner Antwort gehen die Nachrichten hin und her – wir lassen es erst einmal langsam angehen, geben nur wenig von uns preis, aber dann geht es immer schneller, und im Nu kommen wir uns näher. Er ist aus der Schweiz, mit fünfzehn von zu Hause ausgezogen und jetzt dreiundzwanzig. Er ist zur Hälfte schwarz und zur Hälfte deutsch. Er ist Fotograf und will ein edles Fotobuch veröffentlichen. Und er braucht Modelle.

Es gefällt mir, es gefällt mir wirklich. Er will ein paar heiße Ganzkörperaufnahmen von mir machen. Ich bewerfe ihn wahllos mit Fragen, und die meisten beantwortet er auch: Würde er Nacktfotos von mir machen? Würde er mir beim Wichsen zusehen? Würde er danach mit mir zu Abend essen? Was ist sein Sternzeichen? Wo wurde das Bild mit dem winzigen Schwan aufgenommen?

Eine knappe Stunde später habe ich mein monatliches SMS-Limit weit überschritten, aber das ist mir vollkommen egal. Ich bin glücklich, als der Morgen anbricht. Ich habe ein Date. Mit Fotos und Käsekuchen. Es fühlt sich so verdammt echt an.

Der Wecker singt wie ein Schwan, und ich hänge einen Engel an den Adventskalender.

Ich glaube, ich bin verliebt. Völlig im Arsch, aber verliebt.

15. Dezember

Die misshandelten Frauen auf der Arbeit bemerken, dass ich irgendwie anders bin als sonst. Patty errät, dass ich ein Date habe, und nach dem »Männer und Gewalt«-Treffen umschwirren mich alle. Die blinde Suzy singt einen Tina-Turner-Song, während sie mir die Details aus den Rippen leiern. Diese Frauen kennen Männer und riechen Romantik hundert Meter gegen den Wind. Sie hatten Unmengen von Beziehungen. Zwar waren die meisten grauenhaft und gewalttätig, aber immerhin, es waren Beziehungen. Von mir kann ich das nicht sagen. Ich öffne mich ein wenig und erzähle ihnen, dass ich einen Käsekuchen backen will, aber im Moment völlig durchdrehe und vielleicht lieber einen Fertigkuchen kaufen sollte.

Sie gurren und fummeln an mir herum, rufen mir Ratschläge zu, und die blinde Suzy singt »What's Love Got to Do With It«, bis eine der Sozialarbeiterinnen aufhört, ihre Pflanzen zu besprühen und aus ihrem Büro kommt, um die Gruppe von meinem Schreibtisch wegzuscheuchen.

Ich besorge einen französischen Luxus-Käsekuchen von Entenmann's, dazu Perrier-Mineralwasser und wische in meiner Wohnung Staub. Zwischendurch hänge ich ein Rentier an den Adventskalender, dann schlüpfe ich in besonders enge Unterwäsche und hoffe, dass mein Arsch darin knackiger aussieht, als er wirklich ist. Anschließend warte ich auf den Schwanenmann. Er ist pünktlich, aber als ich den Türöffner betätige, fällt mir auf, dass ich keine Ahnung habe, was ich jetzt tun soll.

Bei einem Sexdate geht es im Regelfall gleich zur Sache. Meist kenne ich die Vorlieben des anderen im Voraus, zum Beispiel »Top«, »Bottom«, »Elastanfetischist« – alle wichtigen Details. Jetzt komme ich mir in meiner Unterwäsche lächerlich vor und würde mir gerne etwas überziehen. Aber da klopft es schon laut und stürmisch, also öffne ich einfach die Tür und atme einmal tief durch.

Als er eintritt, schnauft er noch vom Treppensteigen. Er ist groß, schlank wie ein Schilfrohr und hat ein hübsches Gesicht. Die schwarzbraune Haut, die großen exotischen Augen und die schönen Lippen lassen ihn fast ägyptisch aussehen. Er hat seine gesamte Ausrüstung dabei und stellt sofort einen Laptop auf die Theke in meiner Kochnische. Bis jetzt hat er nicht mit mir gesprochen – oder mich auch nur angesehen – und mir geht wie üblich durch den Kopf: »Nun ja, er könnte eben auch der Axtmörder sein.«

Er holt Kamera und Stativ hervor und bewegt sich gewandt und leichtfüßig durch das Zimmer. Mir fällt der Schwan auf seinem *Grindr*-Profilbild ein. Mein Fotograf gleitet dahin, elegant wie ein Tänzer, und scheint die Situation vollkommen im Griff zu haben. Es macht mich an, wie er meine Wohnung in Beschlag nimmt, ohne mich groß um Erlaubnis zu fragen. Als wäre ich nur ein weiteres Möbelstück, eines dieser schönen Dinge, die er später in Szene setzen wird, ganz nach seinen Vorstellungen.

Während ich warte, muss ich plötzlich an ein Erlebnis aus meiner Kindheit denken und an ein Foto, das ich seit Langem aus meiner Erinnerung verbannt hatte. Es war beim Zelten mit einem älteren Jungen: Er hatte eine riesige Ladung Sperma auf meinen dürren Oberkörper gespritzt und mich dann fotografiert. Ich durfte mich nicht bewegen, er hatte mir befohlen stillzuhalten und schoss dann mit einer kleinen Kodak-Kamera seine Bilder. Bis dahin hatte ich noch nie einen Jungen abspritzen sehen. Als er kam, verzerrte sich sein irisches, mit Sommersprossen übersätes Gesicht wie unter schwersten Qualen. Das schmierige Zeug schoss aus seinem dicken kleinen Schwanz, und er stieß ein Grunzen aus, das mich versteinern ließ. Ich hasste es, unbeweglich daliegen und darauf warten zu müssen, dass er endlich genug Fotos gemacht hatte. Aber als er dann fertig war, wusste ich erst recht nicht, was ich tun sollte. Ich wollte mich nicht bewegen, und anfassen wollte ich den widerlichen weißen Glibber auf meiner Brust auch nicht. Also schloss ich die Augen und hoffte, das Zeug würde in meine Haut einsickern und von selbst verschwinden. Irgendwann öffnete ich die Augen dann wieder, doch da war er schon verschwunden. In der Zwischenzeit hatte ein Schwarm hartnäckiger, wild surrender Fliegen den Weg ins Zelt gefunden. Eine davon landete schließlich in der Pfütze auf meinem Bauch und saugte die Soße gierig auf. Ich schwöre, dass ich in dem schwarzen, stecknadelkopfgroßen Auge dieser Fliege einen Anflug von Abscheu sah. Ich fühlte mich sehr müde, also nahm ich meine Sachen und machte mich auf den Weg nach Hause. Der ältere Junge zog dann gegen Ende des Sommers mit seiner Familie nach Minnesota. Ich habe ihn nie wiedergesehen, und nach einer Weile habe ich mich gefragt, ob das alles wirklich passiert ist. Was er mit dem Foto gemacht hat, weiß ich nicht.

Als der Schwanenmann schließlich aufhört, Kreise durch mein Zimmer zu ziehen, faltet er seine langen, feindgliedrigen Hände und schaut mich mit seinen großen ägyptischen Augen an.

»Kann ich etwas Wasser haben?«, fragt er.

»Ich habe Käsekuchen«, antworte ich.

»Bloß Wasser.«

Er lässt mich vorbei in die kleine Kochnische, ich bringe ihm ein Glas, und dann schaue ich ihm dabei zu, wie er es ganz langsam austrinkt. Selbst beim Trinken hat er sich völlig unter Kontrolle. Das erregt mich.

»Können wir diesen Spiegel woandershin stellen?«, fährt er fort.

Seine Frage lässt in mir einen Funken Panik aufblitzen. Ich hasse es, Möbelstücke zu verschieben, weil ich immer befürchte, ihren einzigen, richtigen Platz dann nie mehr wiederzufinden. So was macht mich vollkommen verrückt. Noch dazu ist das mein Ikea-

Spiegel, in dem ich mich täglich betrachte, vor dem ich meine Fotos für *Grindr* schieße. Ich frage mich, warum es der Schwanenfotograf ausgerechnet auf meinen geliebten Spiegel abgesehen hat.

»Ich denke, wir können diese Wand gut als Hintergrund nutzen. Es ist ja die einzige freie«, sagt er.

Ohne meine Antwort abzuwarten, geht er zum Spiegel, hebt ihn an und trägt ihn vors Waschbecken. Mir ist nach Weinen zumute, ich möchte sofort zusammenbrechen, damit er mir aufhelfen und mich küssen und mir alles sagen kann. Die ganze Scheiße und die schrecklichen Dinge, die ich mir selbst angetan habe, all die vergeudeten Jahre, der grauenhafte Job und die Rechnungen, die endlose Leere und auch mein schwarzes Loch – er wird sagen, dass er das alles versteht. Und dann wird sich seine Zunge in meinen kleinen dummen Mund drängen.

Aber nichts davon geschieht.

»Ist die Unterhose okay?«, frage ich.

Er nickt und bedeutet mir, mich vor die Wand zu stellen. Während er noch die Beleuchtung einstellt, stehe ich zitternd da, und dann beginnt er ohne Vorwarnung, Fotos zu schießen. Ich bin völlig sprachlos, habe keine Ahnung, was ich machen soll. Die Kamera wirkt wie eine Verlängerung seines Arms, die sich nach mir ausstreckt, um mich zu ohrfeigen. Sie reißt ihren großen hässlichen Glaskiefer auf und fällt über jeden meiner Knochen her, über jeden Makel und jeden unvollkommenen Zentimeter meines Körpers. Ich verspüre wieder das Bedürfnis zu weinen, dann höre ich die sanfte Stimme des Schwanenmanns.

»Du bist heiß«, sagt er, wieder in diesem unglaublich kontrollierten Tonfall. »Entspann dich.«

Ich seufze und fühle mich dumm und hoffnungslos kindisch. Selbst in meiner eigenen Wohnung verliere ich die Kontrolle. Und dann fange ich einfach an zu weinen – mein Körper zuckt und zittert, und ich halte mir die Hände vors Gesicht, werfe den Kopf zurück und schließe die Augen. Sicherlich wird er jetzt gehen. Aber er fotografiert einfach weiter und weiter und weiter. Obwohl ich weine, bin ich erregt. Mein Schwanz sieht in der Unterwäsche ziemlich prall aus.

Hinter ihm steht der Ikea-Spiegel, sodass ich mich selbst sehen kann, während er seine Bilder macht. Ich sehe meinen dicken Schwanz und sehe auch, dass ich den Bauch etwas einziehen muss. Mein Oberkörper sieht fantastisch aus, meine Titten sind ein echter Hingucker, meine Arme sind stahlhart. Ich sehe mein Spiegelbild an, als wäre es ein anderer Mann, ein heißer Typ, der mit einem herablassenden Lächeln zu mir rüberguckt und sagt: »Ich bin so verdammt viel besser als du, und ich würde niemals mit dir schlafen.« Ich grinse und flüstere mir ein »Fick dich« zu, während der Schwanenmann weiter Fotos schießt.

»Das ist gut«, sagt er und lässt sich auf die Knie fallen, um noch mehr Aufnahmen zu machen.

Mit Tränen in den Augen und einem Spiegelbild, das mich verspottet, komme ich mir wie ein komplett Wahnsinniger vor. Und mich erregt der Anblick des Schwanenmanns, weil er so verdammt süß und schlank ist und zugleich konzentriert und ernst, wie er mit diesem Ding auf mich zielt, mich ablichtet und einfach immer weitermacht. So viel Aufmerksamkeit habe ich schon eine ganze Weile nicht mehr bekommen. Wieder geht mir der irische Junge mit den Sommersprossen durch den Kopf, und ich frage mich, ob ich die Aufmerksamkeit vielleicht mochte damals, ob es mir nicht sogar gefallen hat, dass er aus irgendeinem bizarren Grund Fotos von meinem nackten, dürren, neun Jahre alten Körper wollte.

Das Knipsen hört auf.

»Warum versuchen wir es nicht mit ein paar Nacktaufnahmen? Kannst du dich auf den Boden legen, mit der Unterhose um deine Knöchel?«, sagt er und dreht sich weg, um sein Wasserglas auffüllen zu gehen.

Langsam schiebe ich meine Unterwäsche runter, und mein Schwanz springt hervor, als wäre er auf irgendetwas verdammt stolz. Wie ich da auf dem Boden liege, fühle ich mich unbeschwert und frei. Ich will, dass mich dieser fremde Mann mit seiner Kamera verschlingt, um irgendwie die Erinnerung an die Szene im Zelt auszulöschen. Er fängt mich, mein Wesen in diesem blitzenden Kasten ein und betrachtet mich so genau, wie es keiner meiner Fickfreunde je getan hat – als gäbe es da etwas wirklich Wichtiges, was er sich unbedingt ansehen müsste, als hätte er Angst, mich zu verlieren, sobald das Licht ausgeht und die Szene im Unsichtbaren verschwindet. Dass er mich so sehr zu brauchen scheint, macht ihn, wenigstens für mich, wenigstens in diesem Augenblick, vollkommen.

Er sieht mich an, streicht sich übers Kinn und nickt.

»Das ist gut«, sagt er. »Geh mit einer Hand weiter nach unten.«

Mit einem seiner langen, eleganten Finger deutet er zwischen meine Beine. Dann hält er eine Hand vor seinen eigenen Schritt und nickt mir erneut zu.

Ich folge seiner Anweisung.

»Warum ziehst du deine Hose nicht auch aus?«, frage ich ihn und komme mir dabei richtig unverfroren vor. »Fotografier mich doch in Unterwäsche.«

Er denkt eine Weile darüber nach. Dabei spielt er geistesabwesend an seiner Kamera herum, und fast befürchte ich schon, zu weit gegangen zu sein. Zum ersten Mal, seit er hier hereingestürmt ist und die Regie an sich gerissen hat, scheint er sich nicht ganz wohl in seiner Haut zu fühlen.

»So was habe ich noch nie gemacht. Aber gut, warum nicht«, lautet schließlich seine Antwort.

Er legt die Kamera auf den Boden, ganz vorsichtig, als wäre sie ein kostbarer Schatz. Dann richtet er sich auf, seufzt laut und zieht schnell Schuhe, Hose und Hemd aus.

»Also gut«, sagt er, wieder völlig gefasst. Aber er blickt nicht zu mir rüber, sondern hebt die Kamera auf.

Er trägt Shorts aus Baumwolle. Sie bedecken seine Oberschenkel fast bis zur Hälfte. Großgewachsen wie er ist, könnte ich sie wahrscheinlich als Hose tragen. Er ist einen ganzen Kopf größer als ich, sodass ich das Gefühl habe, ihm gerade mal bis zum Bauch zu gehen. Sein Schwanz ist halb steif. Ich versuche, mich selbst vom Wichsen abzuhalten, aber er knipst schon wieder und sagt mir, wie ich mich hinlegen soll: erst auf einen Arm gestützt, dann den Kopf in den Nacken geworfen und so weiter. Das ist wirklich harte Arbeit, mein Körper fängt an zu zittern und zu schmerzen. Anstatt über Sex nachzudenken, will ich nur noch alles richtig machen – für ihn. Ich lehne mich nach hinten, weil er will, dass ich mich auf die Ellenbogen stütze, dabei mein Kinn senke und gleichzeitig mit den Beinen ein V bilde.

»Warum kommst du nicht her und positionierst mich so, wie du willst?«, frage ich.

»Nein«, gibt er knapp zurück.

Schließlich bekomme ich die Pose hin, was ihn zu freuen scheint. Ich will unbedingt mit ihm schlafen. Aber es ist mir wichtig, was er sagt und was er fühlt, also springe ich ihn nicht einfach an, wie ich es bei meinen Fickbekanntschaften machen würde. Ich glaube, er könnte wirklich einer jener wenigen Männer sein, mit denen mehr möglich ist als nur ein anonymes Date: Er ist sexy, zurechnungsfähig, Single, und er hat das gewisse Etwas, die Chemie stimmt einfach. Als er eine Pause macht, wird mir klar, dass ich ihn wirklich mag. Ich finde ihn unglaublich interessant, und unvermittelt erinnere ich mich an meine wenigen Therapiestunden bei einer pummeligen Deutschen. Sie hatte mir attestiert, dass ich – wie sie es nannte – ein tief sitzendes Problem hätte, dass ich Angst vor Nähe hätte. Und dann hatte sie wissen wollen, was ein Mann haben muss, damit ich ihn attraktiv finde. Ich würde sie jetzt gerne anrufen.

Während ich noch auf dem Boden liege, frage ich: »Darf ich dich küssen?«

Er tritt einen Schritt zurück und schaut mich todernst an.

»Nein, aber wenn du was anderes machen willst, schaue ich gerne zu«, antwortet er.

Dann geht er noch einen Schritt rückwärts und lehnt sich gegen die kleine Theke in meiner Kochnische. Ich spreize die Beine, beginne, an mir selbst herumzuspielen. Er sieht mir ausdruckslos zu. Ganz langsam wichse ich meinen Schwanz und fühle mich immer stärker zu ihm hingezogen. Ich will ihn unbedingt berühren, also richte ich mich langsam auf.

»Ich mag es nicht, angefasst zu werden«, sagt er, als hätte er meine Gedanken gelesen. »Ich sehe nur zu.«

Das muss ich erst mal sacken lassen. Bestimmt schaffe ich es bald, ihn umzustimmen, aber für den Moment kann ich genauso gut mit meiner kleinen Vorstellung weitermachen. Ich konzentriere mich ganz auf meinen Schwanz, stöhne, seufze, spreize die Zehen, und dann spritze ich so heftig ab, dass sich seine Augen ein bisschen weiten. Ich male mir aus, wie ich ihn mit meinem Käsekuchen verführe, wie schön es sein wird, in langen kalten Nächten mit ihm zu kuscheln – und wie ich mein grauenhaftes, hässliches Verhalten langsam ablegen kann, während er lernt, Berührungen zuzulassen, mit mir heiße Bäder nimmt und sich im Bett von mir mit Käsekuchen füttern lässt.

Nichts von alledem geschieht. Er bedankt sich, packt zügig seine Sachen zusammen, reicht mir eine Karte mit seiner Telefonnummer und geht, ohne mir auch nur die Hand gegeben zu haben.

16. Dezember

Seit dem Fotoshooting bin ich vom Schwanenmann besessen. Trotz der unterkühlten Verabschiedung glaube ich immer noch fest daran, dass er mein Geliebter, mein Freund werden könnte. Eigentlich gab es dafür keinerlei Anzeichen, aber ich habe da so ein Bauchgefühl. Irgendetwas an ihm ist anders, er strahlt so was Verrücktes und Rätselhaftes aus. Ein Rätsel bin ich ja irgendwie auch. Und dann ist da noch was, das Gefühl, dass er in mich hineingesehen hat, bis auf den Grund meiner Seele. Vielleicht lag es nur an der Kamera, an meinen Erinnerungen an den irischen Jungen damals im Zelt. Oder daran, dass in einer fernen Galaxie der Planet Sexoid implodiert ist und sein galaktisches Skalpell in mein verbittertes, vernarbtes Rosinenherz gerammt hat, um mein Leben durch reine Magie in dieselbe Bahn zu lenken wie das des Schwanenmanns. Aber was immer der Grund ist – ich bin mir sicher, er ist was Besonderes.

Ich lade ihn zum Abendessen ein, und schon dadurch gewinnt er an Wirklichkeit. Allerdings verabreden wir uns per SMS, sodass er droht, wieder in Richtung gesichtslose Fickbekanntschaft wegzurutschen. Seine Nachrichten sind kurz, nüchtern, auf den Punkt:

»Frikadellen mit Sauerkraut.«

Das ist seine Reaktion auf meine Einladung. Ich bin älter und abgebrühter, seine Nachrichten aber wirken gefestigt, er hat Niveau und Charakter. »Frikadellen mit Sauerkraut« – und ich lege sofort los. Bei der Arbeit stöbere ich auf cooks.com in allen möglichen

Rezepten herum und stoße dabei auch auf ein mir unbekanntes Gericht namens Spätzle. Beim Schreiben der Einkaufsliste beschließe ich, Besteck zu besorgen. Ich besitze nichts als zwei Gabeln und ein Fleischermesser. Die blinde Suzy lässt sich von meiner guten Laune anstecken.

»Ich höre Liebe in deiner Stimme«, sagt sie und klopft dazu mit ihrem Blindenstock den Takt, um gleich wieder irgendeinen Song zu schmettern.

Genau in diesem Moment, als ich mir an meinem trostlosen kleinen Schreibtisch gerade ein weiteres Frikadellenrezept ausdrucke, gerate ich in eine Krise. Der Grund ist eine Nachricht von »Super Blue Eyes«, einem Typen von *Grindr* mit makellosem, schneeweißem Körper, einer geschmeidig-sinnlichen Brust und einer Unterlippe, die lustvolle Küsse verspricht. Sein Profilbild endet genau dort, vom Rest seines Kopfes ist nichts zu sehen. Aber ich bin überzeugt, dass er atemberaubend aussieht. Seit zwei Monaten bin ich schon hinter ihm her.

»Heute Abend um acht bei dir« ist alles, was er schreibt.

Ich gerate viel zu oft an fette, verwirrte, zugedröhnte oder wütende Männer, sodass meine ständige Jagd nach Sex regelmäßig in einer Katastrophe endet – oder damit, dass ich in meinem Bad liege und auf mein grauenhaftes schwarzes Loch starre. Und jetzt gleich zwei unglaublich verlockende Angebote, in ein und derselben Nacht. Ich muss mich schnell entscheiden. Super Blue Eyes wird rasch wieder in der riesigen Männerfleischsuppe von *Grindr* verschwinden. Ich schicke dem Schwan eine Nachricht.

»Dann also bis heute Abend.«

Der kleine »Senden«-Button auf dem Bildschirm leuchtet kurz auf und verschwindet, als die Worte wie von Zauberhand bewegt zum Schwanenmann fliegen. Ich spiele kurz mit dem Gedanken, mich für alle Fälle auch mit Super Blue Eyes zu verabreden. Falls der Schwan nicht reagiert. Absagen kann ich immer noch. Oder wir machen einen Dreier, ein wildes, nacktes Durcheinander. Der Schwan antwortet.

»Ja, selbstverständlich.«

Super Blue Eyes wird warten müssen. Ich spüre einen Funken Hoffnung. Denn genau das heißt es, sein Leben im Griff zu haben: Wenn man einen Körper ohne Kopf für einen Mann sausen lässt, der mit einem hausgemachte Frikadellen isst. Ich bin mir sicher, dass ich das Berührungsverbot meines Schwans durchbrechen und ihm zeigen kann, was wahre Liebe ist. Dass ich so aufgedreht bin, muss doch was zu bedeuten haben.

Das Bratfett schnippt hysterisch mit den schmierigen Fingern, und die Gasflamme flackert bedrohlich. Da ich nicht weiß, was ich sonst damit anfangen soll, habe ich die gesamte Masse über die Frikadellen gekippt. Die Pfanne sprudelt und kreischt und spritzt zischend die Küchenwand voll. Zähflüssige weiße Tropfen sammeln sich an den Fliesen, und ich denke an Sperma. Die Nudeln schwimmen schlaff und blass in einem grauen Topf voll Wasser.

Ich habe zwei Teller und mein neues Besteck auf der Theke angerichtet. Als ich überlege, ob ich noch Servietten danebenlegen soll, klingelt es. Er kommt ohne großes Trara zur Tür herein, und schlagartig komme ich mir lächerlich und kindisch vor, obwohl ich gute zehn Jahre älter bin als er. Mir fällt auf, dass ich seinen Namen noch gar nicht kenne. Aber zu fragen traue ich mich nicht, denn ich bin mir nicht sicher, ob er ihn mir nicht schon gesagt hat. Er sieht sich die ordentlich gedeckte Arbeitsplatte an und hebt dann ganz langsam eine seiner dunklen Augenbrauen.

Ich stelle mir vor, dass er gleich etwas Unerwartetes sagen wird, etwas Nettes: wie sehr er sich freut, mich zu sehen, wie begeistert er von den Frikadellen ist, wie gerne er über Nacht bleiben und mit mir im Bett liegen würde, um an mir herumzuknabbern – an meinem Ohrläppchen, meiner Lippe, meiner Nase. Aber seine Schokoladenbraue senkt sich wieder. Wohl nur ein nervöser Tick. Er steht teilnahmslos da und wartet.

Und so bleibt es den ganzen Abend.

Gelangweilt sitzt er an der Theke. Gelegentlich isst er lustlos ein, zwei Happen von meinen fetttriefenden, matschigen Frikadellen und den breiigen Spätzle. Dann guckt er in die Luft und seufzt. Am Anfang bin ich noch ziemlich munter, plappere vergnügt auf ihn ein und stelle ihm Fragen über seine Fotos und die Schweiz und, und, und. Aber irgendwann gebe ich es auf. Ich esse still meine Portion und denke an meine Mutter, die immer schweigend und nervös am Küchentisch saß, und an meinen distanzierten, unterkühlten Vater. All diese stillen, traurigen Abendessen. All diese Jahre.

Unvermittelt greife ich nach seiner Hand, reiße sie an mein Gesicht und drücke sie gegen meine warme Wange. Es passiert ganz schnell, ohne dass ich darüber nachgedacht hätte, und zunächst bleibt er ganz ruhig. Seine große schlanke Hand schmiegt sich an mein weißes Gesicht. Lange, schlangenartige Finger mit abgekauten Nägeln liegen an meiner Wange, als wäre ein Film mitten in einer Ohrfeige abrupt angehalten worden. Dann springt er auf, stößt im Aufstehen seinen Hocker um und geht zur Tür.

»Was ist nur los mit dir?«, sagt er, übertrieben langsam und kontrolliert.

Ich weiß nicht, was ich sagen soll. Zu sehr bin ich von seiner Schönheit gefesselt. Ich will ihn in den Arm nehmen und seinen zitternden Körper spüren. Bei den Typen, die ich auf *Grindr*, *Manhunt* oder über die Hotline aufreiße, bin ich immer stark und habe alles unter Kontrolle. Aber jetzt, in diesem Augenblick, fühle ich mich unfassbar schwach. Er weiß das, und ich glaube, das gibt ihm Kraft. Er weiß, dass ich ihn will. Ich bin völlig im Bann dieses mir fremden, seltsamen Gefühls, das mich da überkommen hat. Er ist es. Wie in einem Liebesroman.

»Ich mag Anfassen nicht«, stammelt er, eine Hand am Türgriff.

Ich spüre, dass ich Oberwasser bekomme und richte mich etwas auf. Ich habe ihn erwischt.

»Wie hast du dann Sex?«, frage ich ihn.

»Gar nicht«, gibt er zurück. »Ich fotografiere Menschen, das ist alles. Ich lebe im Zölibat.«

Mit dieser Antwort habe ich nicht gerechnet. Jahrelang habe ich unerbittlich Männer verführt, aber bei ihm nutzt mir das rein gar nichts, bei diesem Teufel in Mönchsgestalt. Er lächelt mich an, selbstsicher und gefasst. Eben habe ich mir noch vorstellt, wie ich seinen zitternden Körper in meine Arme schließe. Jetzt wünsche ich mir, von ihm gehalten zu werden. Dringender noch ist der Wunsch, so zu sein wie er, distanziert und unnahbar. Ich hasse dieses Gefühl – und plötzlich auch mich.

Er hebt die Hand auf halbe Höhe, legt die Finger aneinander und winkt, auf rührend jungenhafte Art und Weise. Das fettverschmierte Frikadellenrezept von *cooks.com*, das neben dem Herd lag, flattert im Luftzug auf den Boden, als er die Tür öffnet und sie schnell hinter sich schließt.

Ich sitze auf dem Boden. Auch die Bewohner meines Adventskalenders wirken etwas mitgenommen, als sei ihnen gerade aufgegangen, dass sie hier festsitzen, auf der Insel der aussortierten Spielzeuge. Die fingernagelgroßen Schlittschuhe dazuzuhängen, wie für heute geplant, fehlt mir jetzt die Kraft.

17. Dezember

Heute bleibe ich im Bett.

Vorhin habe ich den Medizinschrank geöffnet, den Inhalt des Vicodin-Fläschschens auf den Toilettendeckel geschüttet und gezählt: zweiundzwanzig Tabletten. Sicher bin ich mir nicht, aber für eine Überdosis sollte es reichen. Doch mir fehlt der Mut, es auszuprobieren. Und essen werde ich auch nichts.

Wiederholt wache ich auf und werde jedes Mal mit bruchstückhaften Erinnerungen beschenkt, an meine diesmal wirklich grauenhaften Albträume. Eine blutige Axt, wucherndes Unkraut, ein Brunnen, in dem schwarzes Blut brodelt, eine ratternde Kettensäge. Ich, wie ich einen Mann ohrfeige, zusammenschlage und ihm dann ein Ohr abbeiße – und noch einmal ich, wie ich einem hübschen kleinen Jungen ein Auge herausreiße und in seine weiche Augenhöhle fasse, aus der statt Blut Tränen quillen.

Kein gutes Zeichen, solche Träume. Mit Wut kann ich leichter umgehen als mit Depressionen.

18. Dezember

Ich habe Hummeln im Hintern. Als würde Espresso vom Schwarzmarkt, verboten stark, unverdünnt durch meine Adern gepumpt. Aber das Verrückteste ist, dass ich keine Lust auf Sex habe. Das macht mich fast wütend. Schuld daran sind natürlich der Schwan und sein Zölibat. Seit er meine Frikadellen verschmäht hat, hat er sich nicht bei mir gemeldet.

Gestern habe ich mich krankgemeldet. Jetzt sitze ich im Bus der Second-Avenue-Linie und bin auf dem Weg zur Arbeit. Ich kann nicht aufhören, an den Schwanenmann zu denken und daran, wie kaltherzig er mich und mein Abendessen zurückgewiesen hat. Extra Besteck habe ich gekauft, verdammt noch mal. Nicht mal anfassen wollte er mich.

Eine betagte Frau steigt in den überfüllten Bus und sieht mich sehnsüchtig an. Ich habe einen Sitzplatz ganz vorn ergattert, der eigentlich für Senioren und Menschen mit Behinderung reserviert ist. Scheiß auf sie. Die Alte steht schwankend da und sieht aus, als würde sie gleich vor Schmerzen laut aufstöhnen. Ich lächle nur unverbindlich.

Der Schwan hat mich völlig verdorben. Bald werde nicht nur alte, kranke Frauen auslachen, sondern auch kleine Tiere quälen.

Ich verstehe das einfach nicht. Tausendmal bin ich von Typen abgewiesen worden, und tausendmal habe ich selbst Männer weggescheucht, weil ich sie unappetitlich fand, weil sie mir zu weiß oder zu schwarz, zu fett oder zu dürr, zu jung oder zu alt und verbraucht waren. Ich weiß nicht, was an dem Schwanenmann ist, dass mich seine Ablehnung derart aus dem Konzept bringt. Deswegen beschließe ich, das zu tun, was ein Mann tun muss und was mir bisher immer geholfen hat: Ich schwinge mich wieder auf mein Pornopony – reite gierige Schwänze, stürze mich in eine heftige Orgie, bis alle Spuren dieses einen verdorbenen Apfels namens »Schwan« ausgelöscht sind.

Fakt ist allerdings, dass ich nicht mal ansatzweise einen hochkriege, seit der Schwanenmann aus meiner Wohnung gerauscht ist. Also kehren meine Gedanken wieder zurück an ihren Ausgangspunkt: Er ist eben doch etwas Besonderes, und wir gehören zusammen. Glücklicherweise habe ich den ganzen letzten Tag und die Nacht durchgeschlafen und es so geschafft, der erdrückenden Traurigkeit meines schwarzen Lochs ebenso wie dem verführerischen Vicodin-Fläschchen aus dem Weg zu gehen. Ich weiß, dass ich ohne Sex nicht lange überleben werde. Zumindest habe ich mir das immer eingeredet. Bisher war es immer der Sex, der mich gerettet hat.

Ich beschließe, irgendwie Kontakt mit meinem Schwan aufzunehmen und die Sache zu klären. Oder doch das ganze Vicodin zu nehmen. Oder mich einfach zu erschießen. Angst hat mir der Gedanke an Selbstmord nie gemacht. Aber besonders anregend finde ich die Vorstellung auch nicht. Außerdem weiß ich ja wirklich nicht, ob die Tabletten reichen würden. Oder wo ich eine Waffe herbekomme. Am Ende schieße ich mir versehentlich das Ohr weg und sehe dann aus wie van Gogh. Obwohl ich natürlich keine Ahnung habe, wie der in Wirklichkeit aussah. In dem Film hat ihn Jack Lemmon gespielt, glaube ich.

Die Sache ist einfach die, dass ich oft am Rand meines schwarzen Lochs stehe und kurz davor bin, hineinzuspringen, aufzugeben. Dann beginne ich mit meiner dreigleisigen Sexjagd und komme dabei allmählich wieder zu mir. Irgendwie hat der Schwanenmann das alles aus dem Gleichgewicht gebracht, dabei sieht er so wahnsinnig scharf gar nicht aus. Was ich jetzt tun muss, ist ihn finden und hart ficken. Ihn einladen, dann Drogen in seinen Kaffee rühren und schließlich sein Loch durchpflügen. Ich frage mich, wie lange es wohl her ist, dass er Sex hatte, und ob er, während er sich halb ohnmächtig in meinen Armen windet, riesige Mengen ejakulieren würde. Sein Zölibat macht mich neugierig und jagt mir gleichzeitig Angst ein, weil ich mich mit Dingen, die ich niemals schaffen würde, nicht so gerne beschäftige.

Ich tue so, als würde ich nicht bemerken, dass die alte Schlampe immer noch neben mir steht und verzweifelt irgendwas zum Festhalten sucht, während der Bus hin und her schwankt und durch die Schlaglöcher brettert. Sie sieht aus, als könnte sie jeden Moment zusammenbrechen. Ich gebe dem Schwan die Schuld – er hat mich zu einem bösen Menschen gemacht.

Um die Frau auszublenden, schließe ich die Augen und denke wieder daran, wie ich den Schwanenmann finde, in ihn eindringe und damit die Mauer zum Einsturz bringe, die er um sich herum errichtet hat. Das bringt ihn entweder um, oder er verliebt sich in mich. Oder ich gehe ebenfalls den Weg des Zölibats und wir leben glücklich bis ans Ende unserer Tage. Aber macht das überhaupt einen Unterschied? Jedenfalls weiß ich, dass mich diese Sache früher oder später ins Verderben stürzen wird. Noch nie war ich von einer so unbedeutenden Geschichte derart besessen. Wie gesagt, so besonders sexy ist er nicht. Ich weiß noch nicht einmal, wie groß sein Schwanz ist.

Eine fette schwarze Frau steht auf und überlässt der tattrigen alten Schachtel ihren Sitzplatz. Der kakaofarbene Fettkloß starrt mich finster an, und ich schaue böse zurück. Scheiß auf beide. Ich hab's auch nicht leicht gehabt. So toll ist das auch nicht als Sexsüchtiger. Am liebsten würde ich mich zu der fetten schwarzen Frau umdrehen und sie fragen, wie viele Männer sie diese Woche gefickt hat. Ich wette, gar keinen. Langsam macht es mir Spaß, ein Arschloch zu sein. Ich schicke dem Schwan eine Nachricht. Mein ganzer Körper juckt vor Unruhe, als hätte ich in der Zwischenzeit noch mehr Espresso getrunken.

»Ich muss dich sehen.«

Ich schicke ihm noch eine.

»Ich muss mit dir reden.«

Während sich der Bus die Straße entlangschiebt, schreibe ich gedankenverloren SMS nach SMS und fühle mich dem Schwanenmann plötzlich wieder ganz nahe – zum ersten Mal, seit er mich splitternackt und deprimiert hat sitzen lassen.

»Es ist wirklich wichtig.«

Dann: »Kann ich dich anrufen?«

Das ist immer eine gute Taktik. Steter Tropfen höhlt den Stein.

»Ich glaube, ich überlebe diesen Tag nicht, wenn ich nicht mit dir sprechen kann.«

Die alte Dame neben mir summt leise vor sich hin. Als Nächstes schreibe ich: »Kostet dich nur eine Minute.«

Keine Ahnung, ob Omi ein Kirchenlied oder die Anfangsmelodie einer alten Fernsehserie trällert. Noch eine Nachricht: »Du hast was bei mir liegen gelassen.«

Ich bin total begeistert von diesem Vorwand. Die alte Schachtel wird immer lauter. Jetzt erkenne ich das Intro der 70er-Jahre-Sitcom *Herzbube mit zwei Damen*. Ich lehne mich zu ihr hinüber und flüstere ihr ins Ohr: »Halt dein verdammtes Maul.«

Dann schreibe ich: »Es sieht wertvoll aus. Was du bei mir vergessen hast.«

Der Bus erreicht die Haltestelle, an der ich aussteigen muss, also springe ich auf und entgehe so der äußerst verlangsamten, aber übertrieben dramatischen Reaktion der Alten auf meine Beleidigung. Sie schaut die fette schwarze Frau hilfesuchend an. Der Fettkloß wirkt ziemlich bedrohlich und hat bestimmt schon den ein oder anderen Mann verprügelt. Nachdem ich ausgestiegen bin, schreibe ich dem Schwanenmann, auf den letzten Metern zur Arbeit, noch eine letzte Nachricht. Mit dieser SMS kriege ich ihn bestimmt. Diesen Freak.

»Ich lebe jetzt auch im Zölibat. Das ist genau mein Ding.«

Es ist, als hätte sich durch meine Wut eine quietschende kleine Falltür geöffnet, und ich wäre prompt hineingesprungen – hinein in die bizarre Hingabe an etwas vollkommen Verrücktes, das mit dem Schwanenmann überhaupt nichts zu tun hat. Aber ich werde schon dafür sorgen, dass es sich ganz um ihn dreht.

Nimm das, Bischof Arschficker.

Heute findet bei uns ein Workshop zum Thema Aggressionsbewältigung statt. Die Leiterin ist eine verbraucht aussehende Lesbe, die nach Katzenpisse stinkt. Als sie an mir vorbeigeht, halte ich mir die Hand vors Gesicht.

In ihrem Blick sehe ich rasende Wut. Wie passend – sie gehört zu einer radikalen Gruppe, die sich »Angry Voices of Women« nennt. Besonders gut organisiert wirkt die Veranstaltung nicht. Auf dem Weg zum Gruppenraum singt die blinde Suzy wieder einmal derart lauthals, dass ich mich frage, ob sie je wirklich fröhlich ist oder immer nur so tut. Da ich ihre Akte bereits abgetippt habe, weiß ich über den Missbrauch Bescheid – dass sie in einem Schrank eingesperrt wurde, dass ihr Arschlochfreund sie mit Säure geblendet hat. Eine volle Stunde lang werden sie da im Gruppenraum sitzen. Ich bin allein mit *Google* und gebe Suchbegriffe ein.

Als Zölibat bezeichnet man die Lebensform von Menschen, die sich entscheiden, ihr Leben lang unverheiratet zu bleiben. Mit dem Begriff kann ferner der grundsätzliche Verzicht auf die Ausübung jeglicher sexueller Praktiken gemeint sein (dann auch »Keuschheit« genannt). Häufig wird der Begriff fälschlicherweise zur Bezeichnung einer unfreiwilligen oder nur zeitweiligen Abstinenz von sexuellen Beziehungen verwendet. Definitionsgemäß ist das Zölibat eine freiwillige Selbstverpflichtung, in Ehelosigkeit und sexueller Enthaltsamkeit zu leben.

Heilige Scheiße. *Wikipedia* hat mit diesem umständlichen, irreführenden Eintrag übers Zölibat so was von unrecht. Ich frage mich, ob es der Schwanenmann selbst war, der den Artikel verfasst hat. So was macht mich ganz wahnsinnig. Schnell gebe ich einen neuen Suchbegriff ein.

Von Sexsucht spricht man, wenn Personen meinen, ihr sexuelles Verhalten nicht länger unter Kontrolle zu haben. Andere dafür verwen-

dete Begriffe sind »sexuelle Abhängigkeit« und »zwanghaftes Sexualverhalten«. Die Existenz eines solchen Zustandes wird nicht von allen Sexologen *anerkannt, mögliche Ursachen und Symptome sind umstritten.*

Ich drucke mir die beiden *Wikipedia*-Einträge aus, um sie miteinander zu vergleichen. Die Definition von Sexsucht klingt abgehoben und unwirklich. Was zur Hölle ist ein Sexologe? Ich bin beleidigt, aber auch erleichtert, dass die Beschreibung von Sexsucht derart lahm ist. Da beschäftigt mich die Zölibatsgeschichte schon mehr.

Definitionsgemäß ist das Zölibat eine freiwillige Selbstverpflichtung.

Ich versuche, das Ganze zu begreifen. Am wenigsten kann ich mit »freiwillig« anfangen, und von einem »Zustand« würde ich, im Zusammenhang mit Sexsucht, auch nicht sprechen. *Wikipedia* ist scheiße. Ich überlege, wie die Artikel zu diesen Begriffen aussehen würden, wenn ich sie geschrieben hätte: *Sexsucht ist befreiend und verdammt geil. Zölibat ist was für einsame und lüsterne alte Priester ohne freien Willen.*

Durch die geschlossene Tür kann ich die blinde Suzy singen hören. Die Aggressionsbewältigung läuft wohl doch ganz gut.

Ich schreibe dem Schwan.

»Definitionsgemäß ist das Zölibat eine freiwillige Selbstverpflichtung. Geil.«

Ich bin mir ziemlich sicher, dass ihn diese SMS neugierig machen wird. Aber er hat immer noch nicht reagiert. Siebzehn, nein achtzehn Nachrichten habe ich ihm jetzt schon geschickt. Dabei muss das Zölibat doch eine ziemlich einsame Angelegenheit sein. Viele Freunde hat er bestimmt nicht. Eine laute Stimme – die Katzenpisse-Lesbe – fordert Suzy auf, jetzt endlich still zu sein, was mich ganz wütend macht. An den Treffen der Frauen darf ich natürlich nie teilnehmen. Ich stelle mir vor, wie Suzy ihren Blindenstock hebt und die stinkende lesbische Gruppenleiterin brutal zu Tode prügelt. Dabei singt sie so laut sie kann und skandiert mit jedem vernichtenden Schlag den Songtext. Die Vorstellung bringt mich zum Schmunzeln. Ich habe kein schlechtes Gewissen wegen meiner abscheulichen Gedanken.

Ich gebe verschiedene Kombinationen von »Zölibat« und »Sex« ein und lande schließlich bei der Heiligen Agnes.

Laut Überlieferung gehörte die Heilige Agnes zum römischen *Adel. Um 291 geboren, wuchs sie in einer* christlichen *Familie auf. Unter der Herrschaft des* römischen Kaisers Diokletian *wurde sie am 21. Januar 304 im Alter von zwölf oder dreizehn Jahren zur Märtyrerin.*

Der Präfekt *Sempronius wünschte, sie mit seinem Sohn zu verheiraten. Agnes lehnte jedoch ab, woraufhin er sie zum Tode verurteilte. Da das* römische *Gesetz die* Hinrichtung *von* Jungfrauen *nicht erlaubte, ließ Sempronius die nackte Agnes durch die Straßen zu einem Bordell schleifen.*

Ich merke, wie ich langsam erregt werde, was selbst mir etwas absonderlich vorkommt. Agnes ist weiblich, ein Kind und eine Heilige. Solche Gefühle sollte ich nicht haben. Wieder gebe ich dem Schwan die Schuld.

Als Agnes betete, wuchs ihr Haar und bedeckte ihren gesamten Körper. Darüber hinaus heißt es, dass alle Männer, die versuchten, sie zu vergewaltigen, schlagartig erblindeten. An einen Pfahl gefesselt *wurde Agnes auf den Scheiterhaufen gebracht, um sie zu verbrennen, aber das Holz ließ sich nicht anzünden. Daraufhin zog der befehlshabende Offizier der Soldaten sein* Schwert *und* enthauptete *sie oder durchstach ihren Hals, wie einige andere Texte berichten. Es heißt weiterhin, dass Agnes' Blut auf den Boden der Arena floss, wo andere Christen es mit Tüchern aufsaugten. Sie ist die* Schutzheilige *der* Keuschheit, *der* Gärtner, *der jungen Mädchen, der verlobten Paare, der Opfer von* Vergewaltigungen *und der Jungfrauen.*

Mit diesem Artikel punktet *Wikipedia*. Ich sollte der blinden Suzy von Agnes erzählen. Vielleicht will der Schwanenmann ein Heiliger werden.

Normalerweise hätte ich diese unbeobachtete Stunde damit zugebracht, Fotos von mir auf *Grindr* hochzuladen. Vielleicht hätte ich sogar mein »Bin in der Mittagspause«-Schild auf den Schreibtisch gestellt und wäre auf einen Quickie um die Ecke verschwunden.

Ich bemerke den Geruch von Scheiße erst, als ich kurz die Augen schließe. Auf die Toilette ist keine der Frauen gegangen. Vielleicht hat die lesbische Gruppenleiterin eine Horde Katzen in den Gruppenraum geschmuggelt, damit sie da alles vollscheißen. Von der Gruppe ist kein Mucks zu hören. Ich beende *Google*, schließe erneut die Augen und schnüffle. Es riecht wirklich widerlich, und für den Bruchteil einer Sekunde frage ich mich, ob ich mir in die Hosen gemacht habe, wie ein verzweifelter, alter Mann in Windeln. Vielleicht habe ich den Zorn eines uralten Scheißegotts heraufbeschworen, als ich den guten Zweck des Zölibats in Frage gestellt und stattdessen die unheilvolle Lehre der Sexsucht verkündet habe.

Plötzlich fliegt die Tür des Gruppenraums auf, die Frauen strömen nach draußen. Die Lesbenleiterin sieht einigermaßen fertig aus. Auch unsere Chefin kommt aus ihrem Büro.

»Raus! Alle raus, sofort!«, brüllt sie.

Ich fahre den Computer runter und folge als Letzter.

Die blinde Suzy steht vor dem unauffälligen Eingang zum Frauenzentrum, und sie guckt unglaublich traurig, obwohl ihre Augen seit dem Säureangriff ganz milchig sind. Sie hält ihren Blindenstock, als wäre er ein loses, gummiartiges Körperteil, das kurz davor ist, sich in Luft aufzulösen. Normalerweise klopft sie damit immer einen Rhythmus und singt dazu.

»Jetzt muss ich nach Hause«, sagt sie.

Wie sich herausstellt, schwimmt das Frauenhaus in Scheiße. Es wird von der Stadt finanziert und liegt neben einem schäbigen Sozialbau. Ständig gibt es Probleme. Diesmal ist irgendein Rohr geplatzt, und dann ist nach und nach das verdreckte Abwasser durch die Wand gesickert. Eine der Sozialarbeiterinnen, die ihre Pflanzen besonders oft mit Wasser besprüht, erklärt uns die Lage. Über Weihnachten bleibt das Zentrum geschlossen. Wir sollen unsere Urlaubstage nehmen oder uns krankschreiben lassen und im neuen Jahr dann wiederkommen. Sie entschuldigt sich ununterbrochen.

Ich entferne mich langsam und komme dabei an der blinden Suzy vorbei. Sie flucht leise vor sich hin.

»Was soll denn jetzt bloß werden?«, murmelt sie.

Oft frage ich mich, ob blinde Menschen merken, wenn jemand in ihrer Nähe ist, ob sie es spüren, wenn jemand vorbeiläuft. Ich frage mich, ob Suzy im Zölibat lebt, ob sie den Mann, der sie misshandelte, geliebt hat, und ob sie jemals echte Liebe erfahren hat. Dann muss ich an meinen Exfreund denken, meinen einzigen Freund, Ben. Wir waren knapp sechs Monate zusammen. Eine Schachtel voller Tagebücher, die ich während unserer Beziehung geschrieben habe, liegt in meinem gut verschlossenen Wandschrank. Ich versuche, nicht an Ben zu denken. Dank meiner ständigen Jagd nach Sexdates habe ich schon eine ganze Weile nicht mehr an ihn gedacht. Schluss gemacht haben wir vor über einem Jahr. Irgendwie scheine ich zu hoffen, dass der Schwanenmann ihn ersetzen kann, auf seine vielleicht etwas unkonventionelle Art und Weise.

Ich will mich schon still und leise vorbeischleichen, als Suzy plötzlich ihren Stock auf den Boden wirft und dann einsam und zitternd einfach dasteht. Mir wird klar, wie viel ihr das Frauenzentrum bedeutet, wie sehr es ihre Tage ausfüllt. Wir werden uns beide ein wenig verloren vorkommen. Der Schwan hat immer noch nicht auf meine mittlerweile zweiundzwanzig Nachrichten reagiert. Ich werde die blinde Suzy vermissen.

Ein Schneesturm zieht auf, der Himmel ist schön und leuchtet. Ich schließe das Fahrradschloss auf, steige aufs Rad und fahre los.

Ich verfalle abwechselnd in Wut und Verzweiflung. Das alles überfordert mich: Ich habe keine Arbeit, keine Ersparnisse, keine Beziehung, nicht mal einen Fickfreund, der regelmäßig vorbeikommt. Gerade bin ich auf dem Weg zu Flora, um ihr einen unangekündigten Besuch abzustatten. Nicht weil ich – wie man erwarten sollte – auf eine Umarmung meiner lieben Tante in schweren Zeiten hoffe.

Meine Gedanken kreisen eher um Geld und Mord. Ihr Tod würde viele meiner Probleme lösen.

Der Schnee ist noch ganz frisch, als ich durch den Westen der Stadt auf die Höhle der alten Schachtel zurase. Ich stelle mir vor, wie ich heimlich Gift in ihren Tee träufle. Ich könnte auch in ein paar Ingwerkekse Zyanid spritzen. Oder ich durchbohre sie einfach immer wieder mit einem der stilvollen Messingschwerter aus dem achtzehnten Jahrhundert, die in ihrem Wohnzimmer hängen, und weide sie dann aus, wie eine wild zappelnde Forelle. Das Problem ist: Man würde mich schnappen. Hinter Gittern heißt kein Erbe. Aber vielleicht den einen oder anderen heißen, brutalen Fick.

Der Abend ist angebrochen. Hoffentlich ist sie zu Hause. Als ich an einem Haushaltswarengeschäft vorbeikomme, werde ich langsamer und überlege hineinzugehen, einfach nur, um mir ein paar Gifte anzusehen. Genau genommen habe ich keine Ahnung, wo man tödliche Flüssigkeiten kauft.

Ich fahre weiter, stelle mir die Beerdigung und die Verlesung des Testaments vor, und dass ich dann nie wieder eine abstoßende Akte über häusliche Gewalt, blinde Frauen und gewissenlose Männer abtippen muss. Nie wieder Arbeit und Sorgen. Ich könnte in ihrem schicken Apartment wohnen und mir dutzende hinreißender Stricher mit aufgepumpten Brustmuskeln voller Wachstumshormone bestellen. Geschwellt von stummem Verlangen würden sie mit ihren Dauerständern vor mir auf- und abstolzieren, allezeit willig und bereit. Lottie würde ich behalten, damit jemand da ist, der nach den Orgien sauber macht und mir Ingwerkekse serviert, in stillem Andenken an meine Tante Flora.

Vor Floras Haus schließe ich mein Fahrrad an und versuche dann, unauffällig am Portier vorbeizuhuschen. Er nickt mir freundlich zu, und meine Mordpläne verflüchtigen sich endgültig. Ein richtiger Attentäter hätte sich verkleidet oder wenigstens die Hintertür benutzt.

Ich öffne die Tür mit meinem Schlüssel und bitte mich selbst herein. Tante Flora sitzt stocksteif im Wohnzimmer und knabbert an einem leichten Abendessen, ihre Augen blicken aufmerksam und munter, als hätte sie mich erwartet. Kein bisschen überrascht von meinem unangekündigten Besuch winkt sie mich zu sich.

Sie isst Sardinen auf weißen Kräckern und trinkt Wein aus einem langen, schmalen, goldenen Kelch. Ihre Assistentin, Lottie, ist nirgendwo zu sehen. Ich setze mich, ihr gegenüber, auf meinen üblichen Platz auf der Chaiselongue. Ich frage mich, wie schwierig es wohl ist, jemanden zu ersticken – auf, sagen wir, einer Skala von eins bis zehn, wobei zehn nahezu unmöglich bedeutet.

»Ich weiß, was du denkst«, sagt Flora, schüttet den Wein runter und wirft sich ein öliges Stück Fisch in den Mund.

Mir bietet sie nichts zu essen an, nicht mal ein Glas Wasser. Sie lehnt sich nach vorn wie ein ängstliches kleines Mädchen, das kurz davor ist, ein unanständiges Geheimnis zu lüften.

»Du denkst an dieses desaströse Abendessen mit deiner Mutter und an deinen grauenhaften jüngeren Bruder, den perversen kleinen Spinner«, erklärt sie mir. »Ich wusste, dass du heute Abend kommen würdest.«

Ich habe keinen Bruder, aber ich erinnere mich an ein paar große Familienessen mit Tante Flora. Als ich mich forschend nach Medikamentenfläschchen umsehe, kann ich keine entdecken.

»Ich arbeite an meinen Memoiren«, verkündet sie und holt eine Weinflasche hervor, die irgendwo außer Sichtweite versteckt gewesen sein muss. Wenn ich mich recht entsinne, hat mir Lottie mal erklärt, dass Tante Flora nicht trinken darf. Sie füllt ihren Kelch.

»Die pikantesten Passagen müssen perfekt werden. Erinnerst du dich an das Abendessen, von dem ich spreche? Aber da warst du ja gar nicht dabei. Nur dein jüngerer Bruder.«

Ich schweige. Keine Ahnung, ob sie nun betrunken ist oder einfach immer seniler wird. Mittlerweile halte ich Tante Flora für eine Frau, die zusehends verfällt und immer öfter benebelt ist von ihren Medikamenten. Wahrscheinlich sollte mich das aufmuntern. Wenn es wirklich mit ihr zu Ende geht, sollten wir vielleicht anfangen, die Beerdigung zu planen.

Flora atmet ganz langsam und tief ein, um ihren Atem dann auszustoßen, als wäre sie der Wolf, der die Strohhütte umblasen will. Sie ist ziemlich beleibt, was die Stoffmassen ihres geblümten Hausmantels aus reiner Seide heute ganz besonders betonen. Mir fällt auf, dass sie barfuß ist.

Ich lehne mich zurück, fühle mich plötzlich niedergeschlagen und würde am liebsten gehen. Mein Job ist dahin, ich habe endlos Zeit und das vollkommen unerreichbare Ziel, im Zölibat zu leben, und das alles macht mir ziemlich zu schaffen. Diese fette Frau aber wirkt richtig munter, wie sie da auf ihrem Sessel sitzt und Sardinen in sich hineinstopft. So bald wird sie nicht abdanken, mag sie nun senil sein oder nicht. Bestimmt wird sie hundertzwei und überlebt mich. Ich kann ihr ja meine Pornosammlung vermachen.

»Bitte hör dir das an. Ich muss wissen, ob alles stimmt – das ist sehr wichtig, denn ich glaube, hier liegen die Gründe für die Probleme deiner Eltern«, sagt sie.

Soweit ich weiß, hatten meine Eltern keine großen Probleme. Sie haben sich bis zum Schluss geliebt oder waren zumindest halbwegs glücklich miteinander. Doch während ich auf Floras Geschichte warte, fällt mir ein, dass von Liebe zwischen meinen Eltern nie die Rede war. Jedenfalls nicht in meiner Anwesenheit. Ich habe nie gesehen, wie sie sich küssten oder umarmten. Eigentlich war jeder für sich – sie machte die Wäsche, und er arbeitete draußen im Hof. Ich habe einfach geglaubt, dass sie sich gut verstanden.

Flora holt einen großen gelben Notizblock hervor. Wahrscheinlich aus demselben Versteck wie die Weinflasche. Sie blättert in den vollgekritzelten, dicht beschriebenen Seiten.

»Es war dunkel. Wir aßen an diesem Tag sehr spät zu Abend. Aber warum?«, liest sie vor – ein wenig zu unruhig. *»Es war extrem heiß.* Stimmt das so? Aber du warst ja nicht da. Nur dein grauenhafter Bruder.«

Mir wird klar, dass es sich bei dem grauenhaften kleinen Bruder um mich handelt. Der unartige Junge, den sie vergessen will, bin ich. Warum sie sich diesen Bruder ausgedacht hat, weiß ich nicht.

Wieder entscheide ich mich, einfach mitzuspielen. Die Wahrheit ist: Es gibt gerade niemanden, zu dem ich sonst gehen könnte.

»Stimmt, aber später hat mir mein Bruder die ganze Geschichte erzählt«, sage ich.

Ihre Augen werden ein bisschen größer, dann wirft sie lachend den Kopf in den Nacken.

»Oh, ich wusste, dass ich recht hatte. Ich wusste es«, sagt sie und richtet ihren Blick wieder auf die Notizen.

»Dein Vater briet auf dem Barbecue-Grill Rippchen. Und deine Mutter kochte Maiskolben und backte einen Pfirsichkuchen. Ich denke, solche Details bereichern die Geschichte«, fügt sie hinzu. *»Wir saßen an dem wundervollen antiken Tisch im Esszimmer deiner Eltern. Es dämmerte bereits. Deine Mutter hatte getrunken.«*

Allmählich erinnere ich mich an den Abend, den sie meint. Ich war zehn. Mir fällt das Bild ein, das über dem Kopf meiner Mutter hing. Es war eine Stickerei, die sie selbst gemacht hatte. Sie war nicht besonders gut gelungen und sollte einen Blumengarten darstellen. Aber irgendwann war ihr die andere bunte Wolle ausgegangen, und so ertrank der Garten in einem Meer aus Gelb. Ich hatte den größten Teil des Abendessens damit zugebracht, dieses Bild über dem Kopf meiner Mutter anzustarren, weil ich ihr nicht ins Gesicht sehen wollte. Ich glaube, sie weinte oder war zumindest kurz davor. Jetzt weiß ich genau, wovon Flora spricht, aber sie irrt sich. Meine Mutter hatte nicht getrunken. Flora hingegen trank bei ihren sommerlichen Besuchen Whiskey. Regelmäßig und ausdauernd.

»Deine Mutter war aggressiv und betrunken. Sie stand auf und riss ein Bild von der Wand«, las Tante Flora weiter, ein bisschen zu laut. *»Sie hatte sich überhaupt nicht mehr im Griff. Ich glaube, auf dem Bild waren Blumen. Und sie schrie mich an. ›Verschwinde aus meinem Haus, du Hure.‹ Das sagte sie zu mir! Ich war am Boden zerstört.«*

Ich weiß noch, dass ich unter dem Tisch an mir herumspielte und nichts anhatte außer einer kurzen Hose, die meine Mutter aus einer alten, rot karierten Tischdecke genäht hatte. Flora saß neben mir. Sie schwafelte die ganze Zeit vor sich hin – was, soweit ich mich erinnern kann, immer so war, wenn sie trank. Meine Eltern ignorierten sie. Doch an diesem Abend passierte etwas, das meine Mutter zutiefst bestürzte. Als ich mich unbeobachtet fühlte, steckte ich mir die Hand in die Hose, griff nach meinem winzigen Penis und drückte ganz fest zu.

»Deine Mutter unterstellte mir, ich hätte den Pfarrer gefickt. Diesen stinkenden, alten Mann, einen Witwer. Am härtesten traf mich, dass dein Vater sich in Schweigen hüllte – als mein Bruder hätte er mich in Schutz nehmen müssen. Und irgendwann zog sich dein furchtbarer Bruder dann die Hose aus und rannte auf den Hof. Er war wirklich widerlich.«

Die Erinnerungen begannen jetzt, andere Erinnerungen nach sich zu ziehen, verblasste Dias in rascher Folge, ein Sturzbach von Bildern, der sich gewaltsam den Weg durch mein Gehirn bahnte. Ich weiß noch, dass Flora an diesem Abend nichts aß. Sie war bereits ziemlich angetrunken, als wir mit dem Abendessen begonnen hatten. Im Laufe des Gesprächs fragte meine Mutter Flora, wie sie den Tag verbracht hätte. Meine Tante hatte das als Beleidigung aufgefasst, als hinterhältigen Angriff auf ihre Privatsphäre. Und tatsächlich, der Pfarrer war es nicht gewesen, sondern ein Handwerker aus der Nachbarschaft. Weil Flora ihr Whiskeyglas ein ums andere Mal zum Mund führte, war mir irgendwann der Rest schwarzen Schmierfetts an ihrer Hand aufgefallen. Sie dagegen hatte nur einmal kurz zu mir rübergeschaut, meine Hand in der Tischdeckenhose bemerkt, aufgelacht und ihr Glas geleert. Meiner Mutter warf sie alle möglichen Beleidigungen an den Kopf und beschuldigte sie, sich andauernd in ihre Angelegenheiten einzumischen. Meine Mutter wäre nur hinter ihrem Geld her und hätte nicht das Recht, sie zu verurteilen. Flora nannte meine Mutter eine frigide, ordinäre Landpomeranze. Sie hatte immer schon ein Händchen für eindrückliche Formulierungen.

Flora kritzelt etwas auf ihren Notizblock, und ich würde sie jetzt wirklich gern erwürgen. Richtig ist, dass meine Mutter aufstand.

Aber betrunken war sie nicht, und die Stickerei hat sie auch nicht von der Wand gerissen, ganz im Gegenteil: Eingeschüchtert, in die Enge getrieben und mit ängstlich zusammengezogenen Schultern stand sie neben ihrem Stuhl, während Flora sie ohne Unterlass aufs Übelste beschimpfte – sie wäre gefühlskalt, herzlos und würde ihre Pflichten als Frau vernachlässigen. Mein Vater war völlig überrumpelt und sprachlos, obwohl ich glaube, dass er irgendetwas Abgedroschenes sagte wie: »Genug, es reicht jetzt.«

Ich umklammerte meinen Penis immer fester, so fest, dass es schmerzte, und konnte meinen Blick nicht abwenden von dem gequälten Gesicht meiner Mutter.

Mittlerweile hat sich eine Riesenwut in mir aufgestaut. Ich stehe auf, und ich zittere am ganzen Körper, als hätte ich eine Art emotionalen Orgasmus. Noch nie war ich zugleich so wütend und so traurig. Ich höre, wie sich die Wohnungstür öffnet. Lottie ist zurück. In der Hand hat sie eine weiße Tüte von der nahe gelegenen Apotheke. Sie schaut mich an, als wäre ich ein Einbrecher, und entdeckt die Weinflasche. Flora wirkt wie versteinert, wie ein Kind, das bei irgendetwas erwischt wurde und nicht weiß, was es jetzt tun soll.

»Heute ist nicht der beste Tag für Besuche«, sagt Lottie ernst. »Du solltest besser gehen.«

Das lasse ich mir nicht zweimal sagen. Ich stürze zur Tür, damit ich mich nicht vergesse und mit geballten Fäusten auf meine liebe alte Tante Flora losgehe.

Es sind zwölf Grad minus. Auf meinem jämmerlichen Fünfgang-Huffy-Rad schlängle ich mich durch den Verkehr wie eine suizidgefährdete Schneeflocke, die sich danach sehnt, in der Hitze zu vergehen. Wie ein Blinder fahre ich ziellos durch die Stadt und versuche, an gar nichts zu denken – nicht an Flora und nicht an meine Eltern, nicht an den Schwanenmann, nicht an meinen Job und schon gar nicht an meinen Exfreund Ben, dessen Bild immer wieder vor mir auftaucht.

Ich mache einen Zwischenstopp bei Barnes & Noble, um mir sexy Fitnessmagazine anzusehen, aber dann zieht es mich in die Abteilung »Religion«. In einem großformatigen Band mit dem Titel *Heiligenlegenden* stoße ich auf ein Bild, das die Heilige Agnes darstellen soll. In dem *Wikipedia*-Artikel stand, dass sie nur dreizehn Jahre alt wurde. Das Bild aber zeigt eine deutlich ältere Frau. Trotzdem ist sie hinreißend, mit ihren langen Haaren und den vollen Lippen. Das Samtkleid, das sie auf dem Bild trägt, betont ihre unglaublich schlanke, mädchenhafte Taille. Ich betrachte ihr Gesicht und suche nach etwas, das ihre Obsession für Gott und das Zölibat erklären könnte. Ihren Augen sind zum Himmel gerichtet, und auf mich wirkt sie ein bisschen erregt. In diesem Moment betritt eine echte, kleine Nonne in altmodischer blauer Ordenstracht den Gang, in dem ich stehe und kommt lächelnd auf mich zu. Sie sieht aus wie ein sanfter Bulle. Ihre Augen, ihr Mund, ihre Nase, alles an ihrem Gesicht ist übertrieben groß, die Haut von tiefen Falten durchzogen. Aus irgendeinem Grund stelle ich mir ihre versteckte jungfräuliche Nonnenmöse vor. Dieser Gedanke schockiert mich derart, dass ich aus dem Laden stürme.

Auf dem Bürgersteig hetzen die Menschen durch den dichter werdenden Schneesturm an mir vorbei. Noch bleibt der Schnee nicht liegen, aber die Flocken sind groß und sausen angriffslustig durch den peitschenden Wind. Inzwischen habe ich dem Schwan insgesamt sechsundzwanzig SMS geschickt. Ich liebe SMS, aber telefonieren hasse ich – es sei denn, es geht um Telefonsex. Dann wähle ich doch seine Nummer. Er geht ran.

»Hallo«, sagt er.

Er spricht langsam, leise und gleichmäßig. Ich habe keine Ahnung, wo er wohl gerade ist, und habe Angst.

»Hast du meine Nachrichten bekommen?«, platzt es aus mir heraus.

Es folgt eine lange Pause. Der Wind pfeift in meinen Ohren, und ich höre die Schritte der Leute, die an mir vorbeieilen.

»Ach du bist das«, sagt er. »Ich mag keine SMS.«

Wieder folgt eine Pause. Ich habe keine Ahnung, was das bedeutet. Hat er meine Nachrichten gelesen und glaubt nun wirklich, etwas Wertvolles bei mir vergessen zu haben? Weiß er wirklich, wer ihn da gerade angerufen hat? Ich zittere. Die Nonne mit dem Stiernacken kommt aus dem Buchladen und stellt sich neben mich. Das läuft alles gar nicht gut.

»Ende der Woche können wir uns treffen, und ich zeige dir die Fotos, wenn dir das recht ist«, sagt der Schwanenmann, sehr langsam.

»Natürlich«, antworte ich.

Er nennt mir ein asiatisches Restaurant im East Village, und wir verabreden uns zum Mittagessen.

Dann sagt er: »Viel Glück mit dem Zölibat« – und legt auf.

Ich stehe immer noch auf dem Bürgersteig. Die Nonne lächelt mir zu, sodass ich fast schon glaube, sie versucht mich anzumachen. Ich möchte ihr sagen, dass ich schwul bin und im Zölibat lebe. Mir läuft ein Schauer über den Rücken. Sie bewegt sich nicht vom Fleck.

Er ist mir ein Rätsel, mein Schwanenmann, und er hat mich an den Eiern. Bestimmt hält er mich für ziemlich neurotisch, weil ich ihm diese dämlichen Nachrichten geschickt habe. Ich muss ihn davon überzeugen, dass ich es ernst mit dem Zölibat meine, und dass ich wirklich etwas habe, was ihm gehört. Der Gedanke an unsere Verabredung jagt mir Angst ein und macht mich gleichzeitig ganz kribbelig. Mir wird bewusst, dass es für mich weder Verabredungen noch tiefer gehende Gespräche gab, seit vor ungefähr einem Jahr Schluss war mit Ben und mir. Um von richtigen Beziehungen zu schweigen. Nichts als dreckige, leere, namenlose, wütende Sexdates. Vielleicht ist das hier so was wie ein Neuanfang. Dieses seltsame Wesen, dieser Schwanenmann wird mich verändern. Ich spüre Hoffnung. Meine Augen sind feucht, und ich merke, wie mir ein paar Tränen übers Gesicht rollen. Die Nonne sieht mich barmherzig an. Ich hasse Mitleid. Ich will ihr aufgerissenes Bullenmaul brutal ficken, damit diese Gefühle verschwinden.

Ich klettere durch den Schnee einen großen, steilen Hügel hinauf und versuche, mich von den Schmerzen in meinen Beinen, die pausenlos in die Pedale treten, abzulenken, indem ich wie besessen über das Wort »zölibatär« nachdenke. Ich sehe seine vier Silben über mir am Himmel schweben, wie das Wort des Tages in der *Sesamstraße*. Die ersten beiden Silben kommen mir unförmig und massiv vor, wie aus Beton gegossen. »Zö« und »li« könnten einen menschlichen Körper wie Mühlsteine zermalmen.

Mit einem letzten, kräftigen Tritt in die Pedale erreiche ich endlich eine etwas flachere Strecke. Aber »ba« und »tär«, die letzten beiden Silben, wirken leicht und beschwingt. So werde ich mich fühlen, wenn ich endlich erlöst in den Armen meines Schwans liege. Wir werden uns gegenseitig von unserem Gelübde freisprechen und dann ficken wie die Karnickel. Die Heilige Agnes im Himmel wird auf uns herablächeln.

Mir gefällt die Vorstellung, auf Sex zu verzichten, zumindest bis zu meiner Verabredung mit dem Schwanenmann in vier Tagen. Ein Auszeit, die mir Klarheit und Ruhe schenken wird. Etwas vollkommen Neues. Ich könnte die Heilige Agnes um Hilfe bitten. In Gedanken male ich mir das Treffen mit dem Schwan aus.

Das asiatische Restaurant im East Village wird in sanftes, gedämpftes Licht getaucht und vollkommen leer sein. Eine riesige goldene Buddha-Statue wird über uns thronen. Und der Schwanenmann wird mir gestehen, dass er furchtbar einsam und völlig verrückt nach mir ist. Dann werde ich seine Hand nehmen und ihm Mut zusprechen.

»Ich verstehe deine Ängste, aber du musst lernen, Berührungen zuzulassen. Ich kümmere mich um dich«, werde ich sagen. »Ich liebte einmal einen Mann namens Ben. Aber ich ließ ihn gehen. Noch einmal wird mir das nicht passieren.«

Mein Tagtraum fällt in sich zusammen. Ein Taxi rast viel zu dicht an mir vorbei, und ich brülle ihm ein paar Schimpfwörter hinterher. Ich bin wütend, weil ich mir nie gestatte, über Ben nachzudenken, oder darüber, warum unsere Beziehung in die Brüche gegangen ist. Es ist alles so vage und verworren, weggeschlossen in dieser Schachtel voller Erinnerungen. Ich habe mich dem nie gestellt und tue die ganze Zeit so, als hätte es ihn nie gegeben. Noch einmal versuche ich, mir das romantische Essen mit dem Schwanenmann vorzustellen, aber es klappt nicht. Ich klammere mich an die Hoffnung, dass mit ihm die Liebe in mein Leben zurückkehren wird. Das Zölibat wird mein Romantikchakra reinigen – oder so was in der Art.

Eigentlich bin ich von diesem ganzen Scheiß nicht wirklich überzeugt. Mein Schwanz wird langsam hart.

Ein Lkw schlittert vor mir über die Straße, und ich strample immer schneller. Ich bin ein Draufgänger, der sich in der Abenddämmerung todesmutig zwischen wütenden Autos und Lastwagen hindurchschlängelt, deren größter Wunsch es ist, meinen strammen Fitnessstudioarsch auf dem Asphalt landen zu sehen. Der Wind ist stürmisch und eiskalt, als ich auf meinem Heimweg den East River entlang einen weiteren unglaublich steilen Hügel erklimme. Wann hat das angefangen, dass ich meine Nächte nur noch mit Sex oder der hektischen Suche nach Sex zubringe? Meine finsteren Gedanken scheinen schon seit Ewigkeiten nur noch um das Eine zu kreisen.

Oben auf dem Hügel angekommen, ignoriere ich eine gelbe Ampel und rausche nur knapp am verdreckten Kühlergrill eines fünfachsigen Lasters vorbei. Ich trete noch fester in die Pedale und beschließe, dass ich mich zusammenreißen und die Prüfungen des Zölibats auf mich nehmen werde. Schuld sind wahrscheinlich die Endorphine, die das Radfahren bei mir freisetzt. Aber was soll's! Ich spüre noch die Hitze des Lastwagenmotors auf meinem Rücken, während ich mich weiter vorankämpfe. Luft strömt in meine Lungen und strömt wieder aus. Der eisige Wind und die waghalsige Fahrt tun mir gut. Ich bin sicher, dass ich zu Hause in einen tiefen Schlaf fallen werde. Meinem nächtlichen schwarzen Loch werde ich diesmal ebenso entgehen wie dem grausigen Vicodin-Fläschchen.

Vor dem Haus angekommen, schließe ich mein Fahrrad an und bleibe noch eine Weile mit geschlossenen Augen stehen, während der Wind sich in meine Wangen schneidet. Meine Gedanken ordnen sich, und prompt bröckelt die Entschlossenheit. Überstehe ich wirklich eine Nacht ohne Sex, geschweige denn vier? Wieder denke ich an Ben und die Tagebücher, in denen all die schmerzlichen Details unserer zerbrechlichen Beziehung aufbewahrt sind. Sie liegen begraben in meinem Schrank. Würde es mir helfen, sie zu lesen? Vielleicht könnte ich Ben dann endlich loslassen und wäre bereit für eine neue Beziehung mit dem Schwanenmann. Was würde die Heilige Agnes tun? Plötzlich überkommt mich Traurigkeit. Nicht einmal den Namen meines Schwans kenne ich.

Am liebsten würde ich hier draußen stehen bleiben. Ich will nicht die vier engen Treppen in die Dunkelheit hinauf, will nicht nach oben, wo mich nichts als Leere erwartet. Zwei schwatzende Mädchen mit rot glänzenden Reisekoffern laufen Arm in Arm an mir vorbei, und ich hasse sie. Sie halten ihr dummes Leben für vollkommen und belügen sich nur selbst. Nasse Schneeflocken fliegen mir ins Gesicht. Sie schmelzen auf meinen Wangen, und mir wird klar, dass ich vier Tage lang ganz allein sein werde, wenn ich mein Gelübde wirklich einhalten will. Vor dem Alleinsein habe ich Angst. Aber es gibt eben niemanden, der sich um mich kümmert, und so wird es auch bleiben. Sollen sie doch alle zur Hölle fahren – Schwan, Ben, die Heilige Agnes, Tante Flora.

Es schneit immer heftiger. Am Nachthimmel wirbeln Tausende bösartiger kleiner weißer Wimpern, die sich verführerisch auf mich stürzen. Ich schleppe mich nach oben.

Dann öffne ich die Tür und stehe allein in meiner stockfinsteren Wohnung. Noch zitternd vor Kälte, warte ich darauf, dass aus den versteckten Winkeln meines Kopfes die Fledermäuse meiner Albträume hervorschießen. Es ist vollkommen still in meiner Höhle. Vorsichtig setze ich Schritt vor Schritt und muss an die blinde Suzy aus dem Frauenzentrum denken, während ich mich langsam durch das Dunkel taste. Auf der anderen Seite des Zimmers angekommen, schalte ich den Ventilator ein. Ein lautes Rauschen erfüllt meine Wohnung, und endlich kann ich etwas freier atmen. Im künstlichen Wind ziehe ich mich aus und lasse meine Klamotten, feucht und verschwitzt vom Radfahren, auf dem Boden liegen. Wie ich so dastehe, trifft es mich plötzlich wie ein Schlag: Nacktheit ist fast schon Sex. Ich spüre jeden Zentimeter meines Körpers, meine Haut kribbelt, und mit dem nächsten Atemzug entspannt sich auch mein Arsch. Meine Hand streift mein Bein, und noch diese zufällige Berührung wirkt unanständig und erregend. Also strecke ich die Arme vom Körper weg, halte sie mir selbst vom Leibe. Mir wird klar, dass ich krank bin, sexuell gestört, und das bringt mich in der Dunkelheit zum Kichern. Niemand hat solche Probleme. Niemand hat Angst davor, sich in seiner einsamen, stockfinsteren Wohnung zu berühren, in der imaginäre Fledermäuse darauf warten, aus ihrem Versteck hervorgeflattert zu kommen. Niemand. Außer dem Schwanenmann vielleicht. Oder diesem Mannweib von Nonne bei Barnes & Noble.

Ich drückte auf den Lichtschalter, und mit dem Licht hellen sich auch meine Gedanken auf – der Wahnsinn lässt von mir ab, die Fledermäuse verziehen sich. Ich hole mir meinen Bademantel, setze mich auf den Boden und denke übers Essen nach. Vielleicht sollte ich Michael eine SMS schicken und ihn zum Abendessen einladen. Aber das Ganze ist etwas heikel. Soll ich ihm das wirklich vorschlagen, wo er doch versucht abzunehmen? Wahrscheinlich würde ihn schon der Gedanke an etwas, das mit Kalorien zu tun hat, völlig ins Schleudern bringen. Ich lasse es besser sein.

Es gibt nichts zu tun, kein Sexdate klarzumachen, rein gar nichts – außer, dass ich irgendwann etwas essen muss. Weil mich das alles überfordert, lege ich mich auf den Rücken und mache die Augen zu, um ein bisschen zu dösen. Das Letzte, was ich gekocht habe, waren die Frikadellen. Ein Erfolg waren die nicht gerade gewesen.

Hartes Holz drückt gegen mein Gesicht, meine Lippen werden brutal auseinandergezogen, und mein Unterkiefer schmerzt pochend. Ich bin in einer Folterkammer aus dem achtzehnten Jahrhundert gelandet. Mein Kopf ist in einen Schraubstock eingezwängt. Bald werden sie mich als Hexe verbrennen.

Es ist dunkel und heiß, ich bin auf dem Boden eingeschlafen. Mit Mühe stütze ich mich auf einen Ellbogen, dann greife ich instinktiv nach meinem iPhone und logge mich auf *Grindr* ein. Während die briefmarkengroßen Bilder geladen werden, erinnere ich mich im Halbschlaf an mein Zölibat, lege das Telefon aber nicht weg. Stattdessen starre ich die *Grindr*-Männer an. Ich will nur sehen, wer online ist, wer sich vielleicht neu angemeldet hat, wer gut in Form ist, wer einen großen Schwanz oder einen Apfelarsch hat, wer eine Speedo oder Elastan trägt, und – natürlich – ob der Schwanenmann da ist. Gibt es ihn noch, lebt er noch?

Ich richte mich in der Dunkelheit auf, angestrahlt vom glühenden *Grindr*-Bildschirm, und gehe die Männer durch. Kein Schwan. Ganz unten ist ein kleiner Button, auf dem *Mehr Männer anzeigen* steht. Die Typen auf dem Bildschirm sind wie immer nach Entfernung sortiert. Zuerst dreißig Zentimeter (im selben Raum), dann dreißig Meter (im selben Gebäude), dann einhundertfünfzig Meter (im selben Wohnblock), dann zweihundertfünfzig Meter (eine Straße weiter), dann dreihundert Meter (irgendwo in der Nachbarschaft), dann zwei Meilen (ziemlich weit weg) und schließlich fünfhundert Meilen (verreist). Jedes Mal, wenn man den *Mehr Männer anzeigen*-Button drückt, erscheinen neue Bilder von neuen Männern, aber damit wächst auch die Entfernung. Normalerweise interessiert mich diese Funktion überhaupt nicht, aber da ich jetzt sowieso niemanden aufreißen will, ist es eine willkommene Ablenkung.

Mehr Männer anzeigen.

Der Button dreht sich, dann tauchen nach und nach wieder die kleinen Quadrate auf, neue Gesichter erscheinen. Wenn ich mir noch mehr ansehen will, muss ich nur runterscrollen.

Auf die Namen, die über den winzigen Bildern erscheinen, habe ich nie wirklich geachtet. Weil ich immer viel zu sehr damit beschäftigt bin, Nachrichten zu verschicken und den größten Schwanz in meiner Nähe in meinen Mund zu locken. Als alle Bilder nachgeladen sind, nehme ich mir die Zeit, mir die Namen anzusehen.

Billy.

Klingt süß. So normal.

Masc Lawyer.

Keine Frage. Vielleicht wohlhabend?

John.

Langweilig.

Pie Face.

Bitte wie?

Noch einmal drücke ich auf *Mehr Männer anzeigen* und frage mich, wie viele Männer sich insgesamt nachladen lassen. Ich stelle mir vor, wie sie sich langsam vor mir auftürmen und einen Berg geschmeidiger Körper bilden. Dann setze ich mich aufrecht hin und versuche, die Bilder und Namen im selben Moment zu erfassen, in dem sie erscheinen.

M4M. Jet Setting Brit. Friendly Guy. Comfort Zone. Parker. Flrt. Alex. RR. Bucky Martini.

Beim letzten bleibe ich etwas länger hängen. Von Zeit zu Zeit stolpert man auf *Grindr* über Typen, die witzig und süß sind und eigentlich nicht nach Sex suchen. Nachdem ich jetzt im Zölibat lebe, falle ich wohl auch in diese Kategorie.

Mehr Männer anzeigen.

Zoolander. Just Looking. Zone Z. Ctown. JonJon. Asian Flu. Nuts. Bob. Pete. Mr. Magoo. Life Sucking App. Nice Man. Funny N Furry. Bombay Fox. Gotham Guy. TM. Add Me Now. Quebec Man.

Meine Augenlider zucken. Der Schwanenmann lässt sich einfach nicht blicken. Ich bin müde.

Mehr Männer anzeigen.

California. 79 Street. Xmen. TM. Turtle Pie. Boy Scout. Sam. CK. JR. BT. Antoine. Fireworks. Bubble Butts Now. The Visitor. Daddy. Popsicle.

Ich lege mich hin, mein Kopf auf dem harten Boden, und halte mit Mühe das Handy vor mein Gesicht – neue Augen, Münder, Körper und Kiefer werden geladen. Der Berg aus Leibern wächst immer weiter. Jungen und Männer türmen sich vor mir auf, meine Augen öffnen und schließen sich wie die Linse einer Kamera. Das Telefon gleitet zu Boden, und vor meinen Augen gehen all die Körperteile, geht wieder die Hexe in Flammen auf, während der Männerberg immer höher wird. Sie sind jetzt nackt, skelettartig, ihre Muskeln, ihr Fleisch, ihre Haut pellt sich von den Knochen, ich sehe Athleten und Jungen und Nazis und Nonnen und Juden und Rauch, der aus einem Ofen aufsteigt, sehe Liebespaare, Priester, Asiaten, Babys, den Weihnachtsmann und Lottie. Alle, alle werden verbrannt.

Mehr Männer anzeigen.

R2. Aztec. Phoenix Tears. Tante Flora. *Beatrice.* Ich.

Mehr Männer anzeigen.

Alien. Nuke Me. Menace. Flow. P Jim. Daddy. Aufhören. *Mommy.* Aufhören. *Abu.* Hör auf. *Mandarin.* Bitte, lass es aufhören. *Mehr Männer anzeigen.*

Niemand hört mich.

19. Dezember

Ich weiß nicht mehr, welches Halloween es war, als auf unserem Tisch ein weißes, klapperndes Gebiss herumsprang. Aber ich erinnere mich daran, dass mich sein Anblick traurig machte. Immer noch liege ich in meiner dunklen Wohnung auf dem Boden, und das Gebiss kommt auf mich zugehüpft – mörderische Kiefer, die mich bei lebendigem Leibe verschlingen wollen. Die Traumbilder lassen mich hochschrecken, orientierungslos setze ich mich auf und hoffe, gerade mitten in einer netten, nächtlichen Orgie zu stecken. Trübe, graue Lichtstrahlen fallen durch die Jalousien und verkünden den Morgen. Ich scheine nach dem Hexentraum tatsächlich durchgeschlafen zu haben, trotz des harten Bodens, und bin ziemlich beeindruckt. Doch fast sofort überkommt mich ein überwältigendes Gefühl der Leere, das mich an mein nächtliches schwarzes Loch denken lässt. Es gibt keinen Grund, Nacktfotos zu machen und auf *Grindr* nach einem potenziellen Fick Ausschau zu halten, und zur Arbeit muss ich auch nicht. Bis zu meiner Verabredung mit dem Schwan habe ich noch drei volle Tage im Zölibat vor mir.

Ich strecke mich, hole mir einen Stift und fange an zu schreiben:

Zehn Dinge, die ich tun will, bevor ich sterbe

Ein Tier töten

Liebe erwidern

Nach Indien reisen

Eine hässliche Nonne ficken

Der Stift verharrt mitten in der Luft, wie ein Messer, das darauf wartet, das Herz eines zornigen, verängstigten Liebhabers zu durchbohren. Ich bin merkwürdig aggressiv heute. Warum habe ich *Ein Tier töten* geschrieben? So verkommen bin ich doch gar nicht, aber ich glaube daran, dass man aufschreiben soll, was einem als Erstes in den Sinn kommt. Jetzt ist mein Kopf leer. Mir fallen wahrhaftig nur vier Dinge ein, die ich vor meinem Tod noch machen möchte. Und alle sind ziemlich schrecklich – mit Ausnahme vielleicht von Indien. Das wird ein endloser Tag. Ich ziehe mich schnell an, hänge ein fröhliches kleines Elfenschühchen an den Adventskalender und gehe nach draußen, um mir den Schnee anzusehen.

Es ist leicht, sich zwischen den vielen Menschen am Times Square zu verstecken, das Gedränge lenkt mich ab. Die Seventh Avenue und der Broadway sind schwarz und glatt. Es hat aufgehört zu schneien, aber die Straßen sind mit einer Eisschicht überzogen. Die hellen Sonnenstrahlen prallen von den glänzenden Bürgersteigen ab, der Wind ist rau und kalt. Die Touristen sind geradezu übertrieben ausgelassen. Ich kauere in einer Ecke neben dem Eingang von Toys R Us. All diese Menschen haben etwas Gespenstisches und Unwirkliches an sich. Sie lächeln und schlendern herum und bemerken mich nicht. Sie schwatzen, Kinder verlieren ihre Handschuhe und essen Hershey's-Schokolade. Hier und da bekomme ich ein paar Gesprächsfetzen mit: Verabredungen zum Mittagessen, Pläne fürs Museum, Läden, die man noch besuchen sollte. Ich stecke in meiner kleinen frostigen Blase, die mich vollkommen vom Rest der Welt abtrennt. Man sollte annehmen, dass ein so überlaufener Ort einen der Menschheit näher bringt. Krampfhaft wünsche ich mir, dass irgendetwas passiert, irgendetwas anderes als Sex.

Ein paar Meter weiter steht eine Frau mit einem fast runden, auffällig weißen Gesicht. Zusammen mit ihrem Mann und ihren zwei Söhnen betrachtet sie das Schaufenster des Spielzeugladens. Schließlich sagt sie zu ihrem Gatten, dass das Riesenrad im Innern des Ladens »auf gar keinen Fall echt ist, es kann einfach nicht echt sein.«

»Es handelt sich um eine Fata Morgana«, sage ich.

Sofort schaut sie zu mir rüber, zu diesem unheimlichen Mann, diesem bleichen Perversen, der da in der Ecke steht und sich jeden Augenblick ihren kleinen Sohn packen wird, um an dessen strammen Wrestler-Arsch herumzuknabbern. Ihr großes, von blonden Haaren umrahmtes Gesicht neigt sich zur Seite, als wäre sie eine dieser menschengroßen Puppen im Schaufenster, und ihr Mund verzieht sich zu einem hässlichen Lächeln. Sie neigt den Kopf in die andere Richtung und dann wieder zurück – und so immer hin und her, als könne ihr eine Erwiderung nur einfallen, indem sie ein inneres Uhrwerk in Schwung bringt. Ich schaue mir ihren älteren Sohn an: Er ist ebenfalls hellblond, muskulös und trägt eine College-Jacke, deren offener Kragen seine unbehaarte, pubertäre Brust erahnen lässt. Die Frau sucht immer noch nach Worten, als ihr Mann sie wegzieht. Die Familie verschwindet.

Eine heftige Windböe fegt fauchend über den Platz, und die Menge johlt vor Vergnügen. Mit einem Blick auf mein iPhone stelle ich fest, dass es minus acht Grad sind. Dann laufe ich eilig nach Osten, in Richtung meiner Wohnung, während mir der eisige Wind entgegenpeitscht. Mir wird klar, dass mich die blonde Frau wütend gemacht hat. Ich hasse sie. Ich hätte jetzt gerne einen großen Schwanz im Mund.

Ich versuche herauszufinden, warum ich so versessen darauf bin, mein selbstgewähltes Zölibat einzuhalten. Als ich stehen bleibe, wirft mich der Wind fast um. Natürlich hat der Schwanenmann damit zu tun, aber der kann nicht wissen, wie viele Männer und bullige Nonnen ich bis zu unserer Verabredung ficke. Ich glaube, letztlich geht es hier um mich selbst. Der Schwan war lediglich der Auslöser. Er hat irgendetwas, das tief in mir verborgen lag, aufgerissen, und darauf krieche ich jetzt zu. Selbstverständlich spielen Ben und die ungeöffnete Schachtel ebenfalls eine Rolle. Und dasselbe dürfte für meine gehässige Tante Flora gelten.

Dann geht mir plötzlich auf, dass ich Sex eigentlich vollkommen satt habe. Ganz überrascht stehe ich eine gefühlte Ewigkeit lang einfach so da. Die Ampel wird rot, grün, gelb, rot, grün, gelb, immer wieder.

Ich stehe vor dem Lord & Taylor-Kaufhaus. Touristenschwärme sammeln sich hinter roten Kordeln und betrachten die weihnachtlich dekorierten Schaufenster, in denen Puppen Schlittschuh laufen. Die Szene hinter dem Glas spielt um 1800. In der einen Ecke der Schaufensterdekoration entdecke ich einen dreißig Zentimeter großen Mann, der einen karierten Anzug trägt und wie die anderen Puppen seine Runden über die gläsernen Teiche zieht. In seiner Nähe steht ein flauschiger Plüschhund, dessen Kopf auf und ab wippt. Das Schönste, woran ich mich aus meiner Kindheit erinnere, war das Schlittschuhlaufen auf einem Teich in der Nachbarschaft. Lange bevor ich anfing, über Sex nachzudenken. Wir – mein Vater und ich – machten uns auf den Weg, sobald er von der Arbeit zurück war. Es war in einem Park, glaube ich, und ich war noch ziemlich klein. Eine Mülltonne voller Holz und Papier war angezündet worden, damit sich die Leute daran aufwärmen konnten. Große immergrüne Bäume umstanden den Teich. Auf dem Eis waren hauptsächlich Männer mit dunkelbraunen Schlittschuhen. Ich betrat das Eis niemals. Mein Vater war damals jung, sehr gelenkig und ein guter Sportler. Ich trug winzige Wollfäustlinge mit einem Bärenkopf auf dem Handrücken. Die Augen des Bären sahen aus wie kleine, traurige Kohlestückchen.

Ein kleines Mädchen donnert mit dem Kopf heftig gegen das Lord & Taylor-Schaufenster, als wollte es die Scheibe einschlagen und hineinkriechen, um die kleinen Schlittschuhläufer abzuküssen. Es heult jetzt, aber die anderen Touristen in der Schlange sind alles andere als besorgt – sie werfen vorwurfsvolle Blicke auf das Mädchen und seine Mutter, während sie sich ungeduldig vorwärtsschieben. Die Augen der Kleinen sind weit aufgerissen, und auf mich wirkt sie ein bisschen überdreht, aber irgendwie auch liebenswert mit ihren blonden Löckchen und dem winzigen roten Samtmantel. Ich denke an die Heilige Agnes und stelle mir vor, wie die ungeduldigen Weihnachtseinkäufer über das Kind herfallen, seinen Kopf abschneiden und mir wie einen Fußball zuwerfen. Eine Reliquie.

Schnell mache ich mich davon, überquere die Straße und versuche wieder an meinen Vater und seine hübschen braunen Schlittschuhe zu denken, an den Pulverschnee am Teichufer, an dem ich immer saß und zusah. Ein Taxifahrer hupt und streckt seinen riesigen kahlen Kopf aus dem Fenster, um irgendetwas Bösartiges zu brüllen, aber wegen des ununterbrochenen Geplärrs der Hupe verstehe ich ihn kaum. Es klingt wie »Fähren sind rot«. Vielleicht hat er »Verdammter Idiot« gesagt.

Ich stapfe quer durch die Stadt auf meine sichere Wohnung zu, als mir auf der East 38th Street ein dunkler Latino auffällt, der mich eingehend mustert. Mein Zölibatsgelübde ist nicht in Gefahr, da ich nur noch selten Männer auf der Straße aufgable. Früher habe ich das oft gemacht, vor den ganzen Webseiten, der Sexhotline, meinem iPhone und den *Grindr*-Bekanntschaften. Vor zehn Jahren ist man als Schwuler immer in Viertel wie das West Village oder Chelsea gegangen, um Typen auf der Straße aufzureißen. Cruisen, lächeln, einen geschützten Ort finden und ficken. Wir haben uns gegenseitig aufgespürt, wie Hunde, die ihre Ärsche beschnüffeln. Heute ist das vorbei. Das läuft jetzt alles online.

Der dunkle Latino beäugt mich immer noch. Ganz bestimmt ist er weit über zwanzig. Doch der Hut, die riesige Sonnenbrille und der elegante Kaschmirmantel mit dem gigantischen Zobelkragen geben kaum etwas von ihm preis. Er könnte dreißig, aber genauso gut auch fünfzig sein. Seine Wollhose spannt sich über dem Schritt, und ich bin mir ziemlich sicher, dass die Hand in seiner Hosentasche gerade an einem Paar hübscher, kleiner Eier herumspielt. So eine Versuchung kann ich gerade nicht gebrauchen. Der Wind zerrt an mir, und als mein Schwanz hart wird, droht mein Zölibatsversprechen ins Wanken zu geraten.

Glücklicherweise steht auf der anderen Straßenseite eine Kirche. Ein großer, weiß getünchter Bau, auf dessen Dach ein schlankes Metallkreuz glänzt. Der Mann mit dem Zobelkragen bewegt sich zügig in meine Richtung und lächelt mich an, als wolle er mich gleich ansprechen. In einem Anflug von Panik stürze ich durch den strömenden Verkehr der Kirche entgegen und nehme, auf der Vortreppe angekommen, mehrere Stufen auf einmal, um möglichst schnell in meinen geheiligten Zufluchtsort zu gelangen.

Als ich eintrete, wird das Tageslicht abgelöst von künstlicher Nacht. Die Kirche ist leer, kühl und wirkt wie eine riesige Tropfsteinhöhle. Weite Reihen heller hölzerner Kirchenbänke fließen einem breiten, blankgeputzten Altar aus Alabaster entgegen. In die Wand über dem Altar ist ein Fenster eingelassen, ein schmales Zepter aus Sonnenlicht, das leuchtet wie der drohende Finger unseres Herrn Jesus Christus oder wie sein scharfkantiger, erigierter Penis.

Ich atme tief durch und tauche ein in die Stille. Die Kirche hat meine Kindheit und Jugend geprägt. Als wir in Fayetteville, Arkansas lebten, hatte mich meine Mutter auf die örtliche katholische Schule geschickt, St. Henry (Schutzheiliger der Behinderten und aller, die von der Glaubensgemeinschaft ausgeschlossen sind). Dieser heruntergekommene Laden war nicht viel mehr als ein Holzschuppen mit ein paar Kerzen und Kirchenbänken. Während der Messen pfiff der Wind durch die morschen Wände und übertönte oft das religiöse Gebrabbel des Priesters. Wenn wir in diesem düsteren Gebäude saßen, versank ich meist in erotische Tagträumereien, in denen die Grundschuljungen neben mir die Hauptrolle spielten – die zumindest, die sich nicht wuschen, die nach ihrer morgendlichen Arbeit rochen und auf deren dreckigen kleinen Armen sich die ersten Muskeln abzeichneten.

Als ich langsam auf den Alabasteraltar zugehe, öffnet sich die Kirchentür. Mr. Zobelkragen kommt hereingeschlendert, die Hand immer noch in der Hosentasche. Ich schwanke zwischen Erregung und Ehrfurcht vor den Zehn Geboten. Der Zobelkragenmann schaut zu mir rüber, und ich schwöre, er leckt sich die Lippen wie eine notgeile Schlange. Das ist dann wohl das, was man schwere Gotteslästerung nennt. Auf einer Kirchenbank ficken. Einem Kerl neben einer Marienskulptur den Schwanz lutschen. In die Schale mit dem Weihwasser abspritzen, in die vornehme alte Witwen sonntags ihre juwelengeschmückten Hände tauchen.

Er steht unbewegt da, zwingt meinen Blick nieder, und während meine Erregung langsam wächst, wird mir klar, dass ich verschwinden muss. Ich weiß noch, wo ich mich nach der Messe in der St.-Henry-Kirche immer versteckt habe, wenn ich zur Pause nicht nach draußen wollte. Ich bin immer in den Beichtstuhl gekrochen.

Mr. Zobelkragen macht einen Schritt nach vorn, und ich laufe auf eine Reihe bunter Glasfenster und Beichtstühle zu. Jeweils zwei hölzerne Kabinen sind miteinander verbunden – eine für den Sünder und eine für den Priester, der durch ein Trenngitter zuhört.

Ohne mich noch einmal umzusehen drehe ich an dem goldenen Knauf und trete ein in die schwarze Einsamkeit. In der heißen, dunklen Kammer ist es so eng, dass ich meinen eigenen Atem höre und rieche. Ich stelle mir vor, wie der Zobelkragenmann hechelnd und knurrend an der Tür kratzt, wie ein wütender Höllenhund. Plötzlich habe ich das Verlangen, meine Zunge gegen das Trenngitter zu drücken und herauszufinden, wonach es schmeckt. Diese feuchte, zweigeteilte Beichtgruft erinnert mich an die Wichskabinen, die es in Sexshops überall in der Stadt gibt. In den Kabinen stinkt es nach Schweiß und Sperma, und vor einem sind winzige zerkratzte Bildschirme, auf denen Pornos laufen, wenn man ein paar Dollar einwirft. Die Wichskabinen liegen direkt nebeneinander, zwischen ihnen nichts als eine dünne Trennwand. Auf einen Knopfdruck hin öffnet sie sich wie ein gespreizter Arsch, und eine Glasscheibe gibt den Blick frei auf den Mann in der nächsten Kabine. Solange man den Pornoflimmerkasten mit Geld füttert, kann man sich gegenseitig beim Wichsen zusehen. Wenn das Geld aufgebraucht ist, schnappt die Trennwand wieder zu, und man sitzt allein im Dunkeln, was sich ziemlich deprimierend anfühlt.

Über solche Dinge sollte ich in einem Beichtstuhl nicht nachdenken. Ich sollte gehen, aber ich fühle mich eingesperrt, gefangen in diesem viereckigen Sarg, und habe Angst, dem Sexdämon mit Zobelkragen gegenüberzutreten, der auf der anderen Seite der Tür auf mich wartet. Vielleicht räkelt er sich gerade schamlos auf einer der Kirchenbänke und besorgt es sich selbst. Der Geruch des Beichtstuhls beschwört nach und nach Erinnerungen herauf, die wie eine dunkle Welle über mich hereinbrechen. Mir wird schlecht, als die Bilder sich gewaltsam in mein Bewusstsein drängen, und ich erinnere mich nicht nur an St. Henry, athletische Messdiener und Wichskabinen, sondern auch an eine Kirche und eine Hochzeit, auf der ich letztes Jahr mit Ben war.

Auf der Hochzeit war ich ein paarmal kurz davor, zur Beichte zu gehen, meine Untreue zu gestehen, um Hilfe zu bitten – Augenblicke der Qual. Ich schwitzte, während eine von Bens Nichten auf den Altar zuschwebte. Ich musste husten und zitterte. Mir war heiß, und ich spürte das brennende Verlangen, alles hinauszuschreien. Dann drückte Ben fest meine Hand. Ich schloss die Augen, biss mir auf die Lippe, und das Gefühl verschwand. Mehr oder weniger.

Von der anderen Seite des Trenngitters kommt Stimmengemurmel. Ich frage mich, ob es Mr. Zobelkragen ist, der mich wie Luzifer verführen, mich bekehren und dann ausziehen will.

Es ist ein Priester.

»Vergib mir, Vater, denn ich habe gesündigt«, sage ich. An diesen Satz erinnere ich mich noch von früher.

Ich verstehe ihn kaum und kann ihn auch nicht sehen. Ich glaube, er will wissen, wer ich bin, und was mich zu ihm geführt hat. Als Kind habe ich bei der Beichte immer gelogen und mir irgendetwas ausgedacht, von dem ich annahm, dass normale Bauernjungen es sagen würden. Unverfängliches Zeug. Aber in diesem Augenblick kann ich nicht lügen, mir fällt rein gar nichts ein. Ich kann kaum sprechen.

»Ich habe …«, setze ich an, doch mir steigt die Galle in den Hals und ich habe das Gefühl, mich gleich übergeben zu müssen. »Ich habe solche Angst.«

Ich stürme aus dem Beichtstuhl und laufe hastig zum Ausgang. Keine Spur vom Zobelkragenmann. Der Priester – wenn er je existiert hat – folgt mir nicht.

Draußen auf der 38th Street komme ich wieder zu mir und mache mich auf den Heimweg. Ich schwöre mir, Kirchen in Zukunft zu meiden. Man ist ja nirgendwo mehr sicher.

Das entsetzliche Horrorszenario vom Nachmittag in der Kathedrale hat bei mir ein seltsames Gefühl hinterlassen. In meiner Wohnung ist es dunkel. Mein iPhone ist abgeschaltet, ich liege auf dem Sofa und döse. Plötzlich entdecke ich, im Schatten neben dem zischenden Heizungsrohr, eine Ratte. Sie flitzt herum, setzt sich auf den Boden, dann huscht sie auf ihren dünnen Beinchen unter meine große Büchervitrine. Rauer Wind hämmert gegen die Fenster, und wieder höre ich das Fauchen einer eiskalten Böe. Ich reibe mir die Augen und setze mich auf. Die Ratte hockt unter meiner wahnsinnig teuren, noch nicht abbezahlten Crate & Barrel-Vitrine. Vor ein paar Monaten habe ich ein benutztes Kondom dorthin geworfen und es da liegen lassen, als Symbol der Perversion. Ich frage mich, ob die Ratte es wohl auffressen wird.

Als ich aufstehe, sagt mir der vernünftige Rest meiner Gedanken, dass die Ratte nicht existiert. Ich träume noch. So was gibt's gar nicht. Trotzdem schaffe ich es nicht, rüberzugehen und unter der Vitrine nachzusehen – zu sehr fürchte ich mich vor dem imaginären Ungeziefer, und auch vor dem halbverwesten Kondom, das mittlerweile ganz trocken und gelb sein muss, wie ein verwelktes Blatt. Ich habe den größten Teil des Nachmittags verschlafen.

Ich versuche, in dem Gewirr von Geräuschen den heftigen Wind vor dem Fenster, die zischende Heizung, das leise Brummen in meinem Kopf und die nagenden Zähne auseinanderzuhalten – die natürlich zu meiner imaginären Ratte gehören. Tatsache ist, dass ich in meiner Wohnung oft merkwürdige Geräusche höre, aber nur mitten in der Nacht. Niemals tagsüber. Und nachts warte ich normalerweise auf ein Sexdate und fühle mich sicher, eingesponnen in meine Fantasiebilder, vollauf damit beschäftigt, mir das Aussehen irgendeines Typen auszumalen. Werde ich ihn heiß finden? Wird irgendetwas Gefährliches passieren? Das Durcheinander meiner Gedanken in der Dunkelheit der Nacht lässt die Geräusche, die ich höre, unwichtig werden. Eine knallende Tür ein paar Etagen unter mir, ein lautes Krachen – wahrscheinlich eine Katze, die eine Mülltonne umwirft –, das übliche Sirenengeheul, laute Bässe von einer Party oder aus einem vorbeifahrenden Auto, das alles tritt dann in den Hintergrund. Denn die Hauptsache sind meine rasenden Gedanken, meine sexuellen Gedanken, die mich schon bald dazu bringen, mich splitternackt hinter die Tür zu stellen und durch den Spion zu linsen, während ich darauf warte, dass meine Verabredung eintrifft. Doch das funktioniert erst nachts, nicht am Nachmittag. Und Visionen von nagenden Ratten hatte ich noch nie.

Ich bin kaum einen vollen Tag im Zölibat und sehe schon Ratten und kleine Mädchen, die vor Lord & Taylor geköpft werden.

Auf einmal fühle ich mich furchtbar müde. Also lege ich mich wieder aufs Sofa und weiß plötzlich, dass sich meine Angst in Nichts auflösen würde, wenn ich mich einfach auf alle viere setzen und nachsehen würde. Aber ich kann nicht. Ich bleibe liegen, und während ich langsam wegsacke, erscheint vor meinen Augen eine blaue Ratte, die aus meinem schwarzen Loch herauskrabbelt.

Ich wache auf vom Lärm aus der Wohnung meiner Nachbarn. Entweder sie haben Sex, oder sie streiten sich. Ich höre laute Stimmen, erst jede für sich, dann überschneiden sie sich, und dann wird es trostlos still. Dann höre ich erneut die Stimme der Frau, ein forsches blondes Mädchen, klein und stramm wie eine durchtrainierte russische Turnerin. Sie wird allmählich lauter und lauter, ein perfektes, nur ganz allmählich ansteigendes Crescendo. Ich komme langsam zu mir und koche vor Wut. Dieses zuckersüße Pärchen hat Sex und wälzt sich so lautstark hin und her, dass ich es durch die Wand hören kann. Dabei bin ich im Zölibat. Wie können sie es wagen!

Als wieder Stille einkehrt, stelle ich mir vor, wie sie eng umschlungen daliegen: ein nacktes Bein über dem anderen, ein Fuß an einem Knöchel, eine blonde Strähne zwischen ihren Lippen, die er ihr aus dem Gesicht streift. Eine Hand, die zwischen Schenkeln liegt, beruhigend und erregend zugleich.

In der Stille über das Nachbarpärchen nachzudenken, macht mich extrem nervös. Ich sitze unbewegt da und horche aufmerksam nach den beiden, aber sie geben keinen Mucks mehr von sich. Auch meine gespenstischen Nachtgeräusche sind verstummt, keine seltsamen, hupenden Autos mehr, keine umfallenden Mülltonnen. Es ist vollkommen still. Und was das Maß voll macht: Obwohl ich die Augen schließe, sie fest zusammenkneife und angestrengt lausche, kann ich auch meine kleine imaginäre Ratte nicht mehr hören. Da ist rein gar nichts unter dieser verdammten Büchervitrine.

Ich muss hier raus, und bin verzweifelt genug, einen Rat zu befolgen, den mein einsiedlerischer Freund Michael mir einmal gegeben hat, nachdem ich ihm eine ziemlich derbe und – wie ich fand – sehr unterhaltsame Geschichte über einen wilden Dreier erzählt hatte. Er hatte mich mit dem ernsten und entsetzten Blick eines besorgten Bewährungshelfers angesehen und mir dann von einem täglich stattfindenden Treffen der »Anonymen Sexsüchtigen« erzählt. Irgendwann einmal hatte er versehentlich an einer Sitzung teilgenommen (weil er dachte, er wäre bei den »Anonymen Esssüchtigen«). Zumindest wird mich das von der Ratte ablenken, und es ist billiger als Kino. Zumindest einmal soll man alles ausprobieren.

Im Fahrstuhl zum Treffen der »Anonymen Sexsüchtigen« werde ich schamlos von drei ziemlich aus der Form geratenen schwarzen Männern angemacht, die über mich reden, als wäre ich nicht da.

»Nun schaut euch mal die Süße da an, sieht sie nicht fantastisch aus in ihrer engen Hose? Mein lieber Mann!«

Ich seufze und rolle mit den Augen, um mein Seufzen zu unterstreichen. Dann fällt mir ein, dass meine Augen hinter meiner übergroßen Schildpattsonnenbrille nicht zu sehen sind. Das Treffen findet in einem Laden in Chelsea statt, der vor allem Drogenabhängige nach ihrem Entzug betreut. Die lauten Schwarzen steigen ebenfalls im vierten Stock aus und sind zweifellos auf dem Weg zur ihrer eigenen, lebensrettenden Therapiestunde. Der Raum für die Sexmonster liegt am Ende eines dreckigen grauen Flurs, dessen Wände mit uralten, zerfledderten und schon ganz fettigen Postern zugehängt sind, auf denen Slogans wie »Schweigen = Tod« und »Kämpft für die Heilung« zu lesen sind. Bevor ich hineingehe, beschließe ich, dass mir das alles zu sehr nach Keith Haring schmeckt und die einzig angemessene Haltung gesunder Zynismus ist.

Aber ich schaffe es nicht. Es schüttelt mich, als ich am Türknauf drehe, und einen Augenblick lang denke ich: »So soll es also sein. Jetzt beginnt für dich ein neues Leben. Du wirst dich von Grund auf ändern.« Meine Handfläche brennt auf dem Knauf, meine Knie zittern. Eine elektrische Ladung jagt mir durchs Rückgrat, als wäre ich eine verhungernde Ratte, die auf ein Stück Käse zustürzt, das sie von ihrem sexuellen Leiden befreien soll.

Geduckt stehe ich in der Tür. Viele der Männer in dem stickigen kleinen Raum sind attraktiv. Das leuchtet mir ein. Nur attraktive Männer können zu viel Sex haben. Hässliche Männer müssen zum Treffen der »Anonymen Masturbierenden«.

Vorsichtig betrete ich diesen Raum voller Männer, die einfach nicht aufhören können rumzuvögeln – etwa zwanzig sitzen hier zusammengepfercht auf Klappstühlen, dicht an dicht, hier und da berührt ein Knie das andere. Ich stelle sie mir nackt vor, eng umschlungen, verschwitzt, bei einer Orgie nach dem Treffen. Ich setze mich auf einen der Stühle weiter hinten.

Einer der Männer ist richtig hässlich. Er sitzt allein gegen die Wand gelehnt, ganz im Hintergrund. Eins seiner dicken Beine steckt in einem verdreckten Gips und ist auf einen Stuhl gebettet. Er hält die Arme verschränkt und sieht aus, als würde er mich beißen, wenn ich ihm zu nahe käme oder ihn anspräche. Ich lasse meinen Blick weiter durch den Raum wandern. Ein paar Bucklige gibt es auch, und außerdem sitzt in der ersten Reihe ein wirklich fetter

Schwarzer mit schönem Gesicht. Er sieht merkwürdig fröhlich aus. Neben ihm sitzt eine Transe, die das Gesicht eines Truckers hat. Sie trägt eine billige rote Perücke, haufenweise Make-up und einen Synthetik-Hosenanzug, wahrscheinlich von Kmart.

Die Stühle stehen in Reihen; uns gegenüber sitzt ein hinreißender brünetter Typ und lächelt uns an. Ich kenne ihn vom Werbeplakat einer Telefonsex-Hotline aus Manhattan. Auf dem Plakat war er oben ohne und grinste. Der Slogan neben seinem Kopf lautete: »Ruf an und spritz ab.«

Heute ist er ein bisschen zurückhaltender. Der hässliche Mann mit Gipsbein hustet mehrmals ziemlich heftig. Die röchelnden Laute klingen tief und verschleimt, wie bei einem Patienten auf der Tuberkulosestation. Die Männer vor mir – herausgeputzt in eng anliegenden Jeans und figurbetonten Pullovern – rutschen peinlich berührt auf ihren Klappstühlen hin und her, während der alte Spinner im Hintergrund grauenerregend vor sich hinbellt.

Ich bin nervös und würde gern aufstehen, um in meiner besten Joan-Crawford-Stimme zu sagen: »Ich bin nicht zum ersten Mal beim Rodeo, Jungs.« Alle sollen wissen, dass ich ernsthafte Anstrengungen unternommen habe, mich zu ändern. Dabei war herzukommen nicht mal meine Idee, sondern die des fetten Michael. Ich denke an all die Selbsthilferatgeber, die ich gelesen habe (oder zumindest durchgeblättert, an langen, regnerischen Sonntagen bei Barnes & Noble) – all die Bücher über Sex, sexuellen Missbrauch, Sexsucht, sexuelle Fantasien, sexuelle Dysmorphophobie, Therapien für Sexsüchtige, sexuelle Intensität, sexuelle Dysfunktion, die Entstehung der Sexualität, Sex und Nähe, Sex mit einem einfühlsamen Partner, Sex in der Kirche, Sex in verschiedenen Epochen, Sex als Tonikum, Sex mit sich selbst, Sex als Schauspiel, Sex und Ruhm, sexuelle Transzendenz.

Meine Gedanken verknoten sich zu abstoßenden, phallischen Formen.

Das Model vom Telefonsexplakat fängt endlich an zu sprechen. Er sieht umwerfend aus, obwohl er etwas abwesend wirkt. Seine

Augen sind weit geöffnet, aber scheinen den Raum nicht wirklich wahrzunehmen. Er blickt starr geradeaus, als würde er unter starken Beruhigungsmitteln stehen. In seiner Stimme schwingt etwas Sanftes, Jungenhaftes mit. Der hässliche Mann brüllt etwas aus der hinteren Reihe.

»Ich versteh nichts!«

Der junge Typ räuspert sich und fängt noch mal von vorne an, im selben hohlen Singsang, doch ein wenig lauter als zuvor. Er verbreitet sich darüber, wie dankbar er sei und wie sehr die Treffen ihm geholfen hätten, und er erzählt von seinem Leben, seiner Modelkarriere und seiner neuen Beziehung. Ich frage mich, ob er, von dem Telefonsexplakat abgesehen, je andere Modeljobs hatte. Vielleicht eine Wodkawerbung und einen Porno. Dann frage ich mich, wie groß sein Schwanz wohl ist, wie viel Sex er wohl hatte und mit wie vielen Männern. Bemerkenswerterweise erzählt er es sogar.

Ich versuche zuzuhören, verliere mich aber immer wieder in meine eigenen Gedanken, während diese zerbrechliche, verwirrte Schönheit mit ernsthafter und ausdrucksloser Stimme von ihrem Leben erzählt. Er sagt, dass er die letzten Tage seines Schlampenlebens mit uns teilen wolle. Mir geht durch den Kopf, wie gerne ich seinen strammen Schlampenarsch mit jedem Mann im Raum teilen würde (abgesehen vielleicht von dem Klumpfuß in der letzten Reihe, der Transe und dem fetten Schwarzen), und in diesem Augenblick wird mir klar, dass dieses Treffen mir keine tiefer gehenden Einsichten vermitteln wird.

Ich bin einfach zu verdorben.

Dann erzählt er die Geschichte seiner »schlimmsten Nacht« – eine Erfahrung, die sein Leben verändert, ihn »zu sich selbst zurück und endlich zur Besinnung« gebracht habe. In der Geschichte geht es unter anderem um einen Drogendealer, der seinen verkorksten Geliebten quält, indem er vor dessen Augen Sex mit Fremden hat. Und einer der Fremden bei diesen grotesken Dreiern war unsere brünette Schönheit.

Natürlich erregt mich das Ganze, und während er weiterspricht, beschließe ich, die Geschichte ein bisschen auszuschmücken – mit Hilfe meiner regen Fantasie. In solchen Dingen bin ich überaus kreativ. Aber auch dazu muss ich zuhören.

»Als ich in dieser Nacht, vollkommen nackt, schon wieder ungeschützten Sex hatte, wusste ich, es ist vorbei«, sagt er.

Einige seufzen und nicken verständnisvoll, während die Truckertranse ein merkwürdiges Stöhnen von sich gibt und in ein Taschentuch rotzt. Das ist doch vollkommen bescheuert. Diese Leute sind einfach nur Versager.

»Ich wusste, dass ich traurigen, einsamen Sex wie in dieser Nacht wahrscheinlich immer und immer wieder haben würde, bis mich dann irgendwann mein Glück verlässt und mir jemand wirklich wehtut. Und dann habe ich plötzlich klar gesehen und mir gedacht: ›Es muss einen anderen Weg geben, es muss ihn einfach geben‹.«

Energisch schüttelt die Transe ihre Perücke. Sie stimmt voll und ganz zu, während mir der Typ mit seinem Oprah-Winfrey-Scheiß echt auf die Nerven geht. Also drifte ich mit jedem Satz weiter ab und spinne mir meine eigene, nicht ganz so jugendfreie Version zusammen. Dann schlägt sich die Truckertranse die Hände vors Gesicht, als würde sie gleich anfangen zu heulen, als könnte sie ach so gut nachempfinden, was der gutaussehende Mann da vorne erzählt. Und ich denke nur: »Du bist grottenhässlich, und ich würde dir gern die Perücke vom Kopf reißen. Du bist nicht ansatzweise wie diese junge Schönheit.« Jetzt wiegt sich die Transe in ihrem Stuhl hin und her, und einen Moment lang fühle ich mich schuldig, weil ich sicher bin, dass meine negative Energie noch den ganzen Raum verpesten wird. Die Transe wird das natürlich merken, sich umdrehen und mich anzischen.

Ich habe die Hoffnung aufgegeben, hier irgendwas über mich selbst herauszufinden.

Der Redner erzählt, sie seien in Chicago gewesen, eine Stadt, die ich nicht kenne und die mich auch nicht interessiert. Er spricht von »Hoffnung« und »Mut«, von »Selbsthass« und »Selbstliebe«, also verabschiede ich mich innerlich und verkrieche mich in meine einladend weiche, verkommene Fantasiewelt.

Ich beschließe, dass bei diesem Dreier alles kühl, abweisend und trostlos aussehen muss. Grau in Grau. Sie sind in der Wohnung des Drogendealers. Ein nüchternes Hochhaus aus Stahl. Ein spärlich eingerichtetes Wohnzimmer. Große Fenster mit Blick auf eine Stadt voller Wohnblöcke, koksender Junkies und korrupter, notgeiler Bullen. Der Drogendealer ist nackt und sitzt mit weit gespreizten Beinen auf einem weißen, nein: einem schwarzen Ledersofa. Natürlich ist er Italiener, ein verdammt gut aussehender Macho mit olivfarbener Haut. Und natürlich denke ich dabei an einen Pornodarsteller, den ich letztens auf einer Webseite namens *Dirty Tony* gesehen habe. Aber wen stört's. Mein Drogendealer ist also ein großer brutaler Italiener mit einem gigantischen Schwanz, und er ist völlig auf Koks und wird seinem dreckigen kleinen Schlampenfreund gleich eine Lektion erteilen, indem er vor seinen Augen stundenlang unsere Schönheit vom Telefonsexplakat fickt. Sein heißer und ebenso verdorbener Geliebter muss zusehen, darf aber nicht an sich herumspielen. Sie haben ihn gefesselt und dann mit Viagra vollgepumpt. Jetzt kann er nur noch dastehen, weinen und mit den Zähnen knirschen.

Überraschenderweise ist das gar nicht so weit weg von der Geschichte, die meine morbide Schönheit erzählt. Ich fühle mich fast wie ein Hellseher. Allerdings fehlen bei ihm die aufregenden Details. Doch dafür quillt seine Version geradezu über vor zuckersüßen, hohlen Phrasen. Pikante kleine Wörter wie »Schwanz« oder »Arsch«, wie »ficken«, blasen«, »lecken«, »rimmen« oder »Sperma« scheint er ganz bewusst zu vermeiden.

»Er benutzte mich, um seinem Geliebten eine Lektion zu erteilen. Ich war sein Spielzeug, und noch niemals habe ich mich so leer gefühlt«, sagt die brünette Schönheit.

Obwohl ich immer noch ziemlich erregt bin, muss ich durch den Hosenstoff auf meinen Schwanz drücken, um meine schmutzigen Gedanken am Laufen zu halten. Es ist mir egal, ob mich jemand dabei beobachtet. Außerdem gucken sowieso alle nach vorn. Ich schließe die Augen, weil es mir sonst zu schwer wird, den Weg zurück in meine Fantasiewelt zu finden. Ein Blick auf den walähnlichen schwarzen Kerl oder die Truckertranse, und ich komme vom Kurs ab. Und wenn ich zu genau auf das achte, was da vorne erzählt wird, ist es auch vorbei mit meinem Kopfporno.

»Als ich endlich wieder draußen war, habe ich meine Mom in Tennessee angerufen«, sagt die Schönheit sanft. »Ich war am Ende, total am Ende, und in dieser Nacht wütete über Chicago ein furchtbarer Blizzard.«

Ich ertrage es nicht, mir in allen Details anzuhören, wie er mitten im Schneegestöber zu seiner lieben alten Mama zurückfindet. Um seine Stimme zu übertönen und mich auf meine eigene Version konzentrieren zu können, summe ich leise vor mich hin.

Auf allen vieren kriecht der schmutzige Freund des Drogendealers nackt über den Fußboden, stöhnt und bellt wie ein Hund. Er weint und bittet um Verzeihung. Der brutale Italiener, dessen Schwanz mittlerweile auf dreißig Zentimeter angeschwollen ist, rammt der Plakatschönheit sein Teil in den Arsch und brüllt seinen Freund an, er solle bereuen, bereuen, bereuen! Der Freund gehorcht und stößt wieder und wieder seinen Kopf gegen den Boden, bis die Haut aufplatzt und Blut auf den Teppich tropft, während draußen ein silberner Jet vorbeizischt und die Wände erbeben lässt. Inzwischen sind dem Drogendealer stummelige rote Hörner aus dem Kopf gewachsen, sein Schwanz hat schier unfassbare, kolossale Ausmaße angenommen. Vor dem Fenster schwebt das anzüglich grinsende Gesicht von Jesus Christus, zwischen den Lippen eine Crackpfeife.

Offenbar sind die Jahre in der katholischen Schule und mein Besuch vorhin in der Kirche nicht spurlos an mir vorübergegangen. Dann verschwimmt die Szene, der verwirrte Freund des Drogendealers verschwindet, der gut bestückte Italiener löst sich in Luft auf, und erhalten bleibt mir einzig die dämliche Schönheit vom Werbeplakat, die da vorne steht und wirklich erstklassig heult.

Er ist mit seiner Geschichte fertig, was mir entgangen ist, weil ich mit meinen Fantasien beschäftigt war, und der fette schwarze Typ ist nach vorn gegangen, um ihm ein Taschentuch zu reichen. Alle klatschen, und die Männer um mich herum, diese stattlichen Kerle, scheinen zutiefst gerührt zu sein. Einige stehen auf und umarmen sich. Dann macht der schwarze Fettsack ein paar Mitteilungen, bei denen es hauptsächlich um eine gemeinsame »sexuelle Auszeit« geht – was sich für mich ein bisschen doppeldeutig anhört. Dem hässlichen Krüppel in der letzten Reihe ist das alles egal. Genau wie mir. Ich kann damit überhaupt nichts anfangen. Aber meine unterkühlte Reaktion hat seltsame Auswirkungen: Meine verdorbenen Gedanken welken dahin, und ich spüre, dass sich wieder mein schwarzes Loch nähert. Ich habe das Gefühl, zu versinken, genau wie nach einer langen Orgie – dieses bedrückende Gefühl, das ich normalerweise mit einer Pizza von Papa John's, mit noch mehr Sex oder einfach mit Schlaf bekämpfe. Mir geht auf, dass die, die hier neben mir sitzen, sich womöglich genauso fühlen. Bin ich Vollidiot nicht genau deswegen hergekommen?

Da öffnet sich die Tür, und herein kommt ein Skelett mit vier Einkaufstüten von Walgreens. Die Truckertranse winkt der Nachzüglerin zu, sich auf einen freien Stuhl neben sie zu setzen. Die Skelettfrau ist groß wie ein Basketballspieler. Von ihrem Kopf hängen lange, rot gefärbte Haarbüschel herab, und das Gesicht dazwischen steckt voller scharfkantiger Knochen, die aussehen, als wären sie drauf und dran, die Haut zu durchbohren. Ich bin sprachlos und fühle mich wie betäubt – aber nicht, weil der fette schwarze Mann einfach weiterlabert, oder weil die Tüten des Skeletts rascheln, oder weil der hässliche Typ mit Gipsbein nicht aufhört zu husten. Ich weiß jetzt, wo ich die Skelettfrau schon mal gesehen habe. Ihr Name ist Beatrice, sie hat Lungenkrebs im Endstadium, wurde von ihrem Mann misshandelt und ist einmal zu einer Selbsthilfegruppe in das Frauenzentrum gekommen, aber dann nie wieder aufgetaucht. Als sie nach dem Treffen an meinem Schreibtisch vorbei nach draußen ging, hatte sie mich angelächelt und mir gesagt, ich hätte so schöne, traurige blaue Augen.

Ich springe auf und versuche zu entkommen, ohne dass Beatrice mich bemerkt. Aber meine Anwesenheit scheint sowieso niemandem aufgefallen zu sein, mit Ausnahme des Krüppels in der letzten Reihe. Während ich aufstehe, blinzelt er zu mir rüber, und ich muss an diese Fetischisten denken, die darauf stehen, die Stummel von Amputierten zu ficken. Ich bin wirklich vollkommen gestört.

Eilig laufe ich den Flur entlang, dann sprinte ich plötzlich los und schwöre mir, nie wieder einen Rat von Michael anzunehmen. Hoffentlich hat Beatrice mich nicht gesehen. Ich wünsche mir, dass im Aufzug wieder die drei unförmigen schwarzen Männer stehen, Witze reißen und mich wie ein geiles Stück behandeln. Doch da ist niemand außer mir, und so fahre ich langsam, leise und allein nach unten.

Es ist ein kalter, klarer Abend. Auf dem Hinweg habe ich ein Taxi genommen, den Rückweg laufe ich. Ich habe es nicht eilig, zurück in meine Wohnung zu kommen, in die trostlosen Wüsteneien der Einsamkeit. Wie sich herausstellt, ist im Zölibat zu leben scheiße.

Ich laufe nach Westen, vorbei an Stadthäusern mit weihnachtlich erleuchteten Fenstern. Während ich mich durch den Schnee kämpfe, denke ich an einen Artikel, in dem es geheißen hatte, man solle, um sich zu beruhigen, die eigenen Bewegungen verlangsamen. Die Straße ist leer, und ich mache jeden Schritt, als müsste ich mich durch eine Mauer aus Sand drängen. Ich erwäge kurz, bei Tante Flora vorbeizuschauen, aber fühle mich von meinem letzten Besuch immer noch etwas angeschlagen. Es passt mir nicht, dass sie all diese Erinnerungen an meine Eltern aufwühlt.

Das lächerlich langsame Tempo scheint tatsächlich zu funktionieren, denn während sich mein Kopf allmählich leert, fällt mir ein, dass ich schon einmal eine Zeitlang im Semi-Zölibat gelebt habe, direkt nach dem Tod meiner Eltern.

So habe ich das zwar bisher nicht gesehen, denn ich hatte mich ja schließlich nicht bewusst dafür entschieden oder mich besonders darum bemüht, mit dem Sex aufzuhören. Aber noch Monate nach der Beerdigung hatte ich mich seltsam geschlechtslos gefühlt. Ich halte mitten in der Bewegung an, mein einer Fuß hängt in der Luft und schwebt samt Schuh über dem Bürgersteig, als wäre ich ein Zirkusartist, der darauf wartet, dass das Hochseil zur Ruhe kommt und er wieder sicher auftreten kann. Ich fühle mich irgendwie entrückt, bis sich mir ein Gedanke aufdrängt, der mich zurück auf den Boden der Tatsachen stößt.

Nach dem Tod meiner Eltern habe ich fünfzigtausend Dollar ausgegeben, ich habe in kürzester Zeit eine Unmenge Geld verprasst. Aber ich hatte so gut wie keinen Sex.

Dann landet mein Fuß wieder auf dem Bürgersteig. Wenn ich nur fest genug auftrete, durchbreche ich die Betondecke und versinke im Boden, sinke bis tief unter die Kanalisation und die U-Bahn-Tunnels der Stadt, sinke, bis ich in der warmen Schlammgrube lande, in der die Skelette meiner Eltern sitzen und sich über das verfahrene Leben ihres Sohnes mokieren.

Das Geld hatte ich durch den Verkauf ihres Hauses, abzüglich einiger unbezahlter Schulden. Ich hatte nie in Erwägung gezogen, das Haus zu behalten. Wie ich so dastehe, wird mir klar, dass ich uns eigentlich nie als richtige Familie angesehen habe. Sie mochten ja glücklich miteinander sein, aber ich hatte mich schon früh aus dem Staub gemacht und angenommen, sie würden sowieso nicht an mich denken. Es war mir auch egal.

Als ich an einer leeren Highschool vorbeikomme, setze ich mich auf eine Bank vor einer Backsteinmauer. Ich versuche, mich daran zu erinnern, wie ich es geschafft habe, das geerbte Geld in so kurzer Zeit auszugeben. Und ich frage mich, ob mein Verlangen nach Sex nachlassen würde, wenn ich Tante Floras Geld hätte. Ist Schluss mit dem Sexwahn, sobald ich ununterbrochen Geld ausgeben kann? Ich komme mir heute sehr analytisch vor. Meist denke ich an nichts als Sex, Essen und Schlafen. Im Grunde meines Herzens bin ich ein ziemlicher Neandertaler.

Auf der anderen Straßenseite wiegt sich eine Eiche im schwächer werdenden Wind, und wieder überlege ich, wohin das Geld verschwunden sein könnte. Da waren die neuen Möbel für meine Wohnung, die Bergdorf-Goodman-Kreditkarte und ein Haufen Klamotten und Haushaltsgeräte, außerdem eine bizarre Spende an die New York Society Library, ständige Besuche im Spa und natürlich die protzige Reise nach Ägypten.

Und die Stricher.

Die letzten paar Tausend sind für Stricher draufgegangen. Dieses kleine Detail hatte ich praktischerweise aus dem Buch meiner Erinnerungen gestrichen. Inzwischen ist es vollkommen windstill, was mir wie ein grausamer Scherz vorkommt. Die Welt um mich verstummen lassen, während ich in einer menschenverlassenen Straße auf einer leeren Bank sitze. Fick dich, Mutter Natur.

Ich erinnere mich an das stumpfe, aber angenehme Gefühl, das ich hatte, während ich mit vollen Händen das Geld meiner toten Eltern zum Fenster hinauswarf. Teilnahmslos war ich nicht, im Gegenteil. Körperlich fühlte ich mich ziemlich munter und war von einem unermüdlichen Tatendrang erfüllt. Ich verbrachte viel Zeit damit, die kommenden Wochen und Monate durchzuplanen. Arbeiten brauchte ich damals nicht, und ich kann mich auch nicht daran erinnern, dass ich unter großen seelischen Schmerzen gelitten hätte. Vielmehr war ich konzentriert und produktiv, jeder Tag war durchorganisiert. Zum Frühstück ein Cappuccino in der noblen Nespresso-Bar auf der Madison Avenue, dann ein neuer Mohairpullover von Jil Sander bei Bergdorf Goodman, dann eine Gesichtsbehandlung im Juvenex Spa usw.

Ein Rauschen geht durch die Eiche auf der anderen Straßenseite, sie streckt mir ihre Zweige entgegen, sodass sich diese kalten, freudlosen Minuten etwas weniger einsam und verloren anfühlen. War es nichts als furchtbare Verschwendung, das Geld so rauszuhauen? Immerhin war ich nach all den Strichern und der Ägyptenreise bereit, die vernarbte Leere in meinem Innern gegen Bens Schoß einzutauschen.

Die Ägyptenreise war jeden Cent wert gewesen.

Die mächtige Eiche gegenüber wirkt mickrig, wenn ich an meinen Aufenthalt auf Abu Simbel denke, einer Insel im Nil. Rückblickend erscheint mir die Reise wie ein irrwitziges Durcheinander aus extremer Hitze, gewaltigen Denkmälern und dunkelhäutigen, aggressiven Menschen, denen ich, wie mir mehrfach eingeschärft wurde, auf gar keinen Fall in die Augen gucken durfte. Ich hatte eine kostspielige Fünf-Sterne-Rundreise gebucht, die in Kairo anfing und den Nil entlang ins Tal der Könige führte. Am besten erinnere ich mich an Abu Simbel.

Ein kleines Boot hatte uns in der Morgendämmerung auf die Insel in Nubien, am westlichen Ufer des Nassersees gebracht. Unsere Gruppe wurde am Rande eines breiten, von violetten Blumen überwucherten Pfades abgesetzt, der zu einer felsigen Anhöhe führte. Als wir sie erreichten und um einen Vorsprung bogen, war ich von dem Anblick, der sich mir bot, so überwältigt, dass ich mich setzen und wortwörtlich nach Luft ringen musste. Ich konnte mich nicht bewegen. Ein Pharao und seine Frau waren Seite an Seite in das hoch aufragende Massiv gemeißelt. Ich hatte auf der Reise schon eine ganze Reihe monumentaler Bauten gesehen, aber nichts hatte mich derart in Ehrfurcht und Schrecken versetzt. So etwas zu erschaffen, schien mir unmöglich, und während ich unbeweglich in der Sonne saß und die Skulpturen einfach nur anstarrte, wusste ich, dass dieses steinerne Paar auf ewig vereint sein würde – wie meine Eltern, deren innige Verbindung sich so selten zeigte und die doch so unglaublich stark war, durch ihren gemeinsamen Tod für immer eins geworden waren. Doch waren sie diese Einheit, dieses unzerstörbare Ganze mein ganzes Leben lang gewesen – ich war immer irgendwie außen vor, hauptsächlich, weil ich es so wollte – und mit ihrem Tod war dieser Kern, in dessen Schwerefeld sich mein Leben entfaltet hatte, verschwunden. Sie aber blieben, wie sie gewesen waren, im Einklang miteinander.

Natürlich sind das nicht genau die Gedanken, die mir durch den Kopf gingen, als ich da in der dreiundvierzig Grad heißen ägyptischen Sonne saß. Aber sie gingen in diese Richtung, waren nur verworrener, wie ein Flüstern, ein verschwommenes Bild meiner kürzlich verstorbenen Eltern, ein Murmeln, das mir einen Keim einpflanzte, der langsam zu dem tiefen Wunsch nach einer felsenfesten Beziehung heranwuchs und mich schließlich zu Ben führte.

Zurück in New York, lachte ich mir einen Stricher nach dem anderen an. Aber das war nicht viel mehr als ein hilfloser Versuch, das abzutöten, was an jenem Tag in Abu Simbel in mir erwacht war. Eine Zeitlang suchte ich wie verrückt einen bestimmten Typ: die Jungs mussten zwischen achtzehn und zwanzig sein, Latinos, gut bestückt, mit sinnlichen Lippen, kräftigen Brustmuskeln und großen, leeren Augen. Gut möglich, dass sie nichts waren als ein fernes Spiegelbild des gewaltigen Monuments in Abu Simbel – stramm, wie aus Stein gehauen, übergroß und gottgleich.

Mein letzter Stricher war Ägypter. Plötzlich muss ich laut auflachen, während die mächtige Eiche auf der anderen Straßenseite vollkommen regungslos bleibt. Damals hatte ich den Zusammenhang nicht gesehen, hatte mir nur sein Profil angeschaut und mich spontan für ihn entschieden. Ich schwöre, sein Name war Abu. Oder bilde ich mir das jetzt nur ein? Er könnte sich auch Rocky genannt oder sich irgend ein anderes Etikett aufgeklebt haben, wie Brutus oder Angel.

Er war jung, hatte kakaofarbene, weiche Haut, trug blaue Kontaktlinsen und einen Kurzhaarschnitt. Sein Trainingssystem ergänzte er durch Steroide und neumodische Wachstumshormone, sodass seine Brust- und Armmuskeln übermäßig groß geworden waren – neben seiner schmalen Taille wirkten sie übertrieben, wie die einer Cartoonfigur. Sein riesiger Schwanz war allerdings echt. Ich war von seinem überdimensionierten, unwirklichen Körper wie besessen; er war meine Stricherdroge.

Der Sex mit ihm, bei dem mein letztes erspartes Geld draufging, war zugleich der Beginn meiner Porno-Obsession, meiner atemlosen Jagd nach dem Übersex, meiner blindwütigen Suche nach unerreichbaren und lächerlich unproportionierten Männern. Ein Verlangen, das niemals wirklich befriedigt werden kann, es sei denn, man hat das Geld oder arbeitet mit Pornostars zusammen. Erschöpft von alledem landete ich schließlich in Bens Armen.

Ich habe schreckliche Kopfschmerzen. Wenn ich mich immer wieder in diese hässlichen Erinnerungen und meine brennenden Besessenheiten stürze, werde ich niemals bis zum keuschen Mittagessen mit meinem Schwan durchhalten. Wieder denke ich an die weiße Schachtel mit den Ben-Tagebüchern, die zu Hause in meinem Schrank liegt, und als ich aufstehe und der schmächtigen amerikanischen Eiche Lebewohl sage, weiß ich, dass ich mich ihnen stellen muss.

20. Dezember

Ich bin wach, und als ein dünner Faden aus Sonnenlicht durch meine Jalousien fällt, fühle ich mich einen heiteren Augenblick lang vollkommen ausgeruht und hoffnungsvoll. Ich komme erst allmählich zu mir, und noch fühle ich mich vollkommen alterslos. Ich habe das Gefühl, als stünde jemand, der mir wirklich wichtig ist, direkt neben mir. Ich bin glücklich und will, dass alles genauso bleibt wie in diesem Moment. Aber da zischt die Heizung, und langsam erinnere ich mich daran, was das ist, dieses Geräusch, die Nachbarn, die imaginäre Ratte. Und schon bin ich wieder fast ich selbst – diese Wohnung, die Tiere in meinem Kopf und der Schwanenmann, das erfolglose Treffen der »Anonymen Sexsüchtigen«, die Wut bei meinem letzten Besuch bei Tante Flora, mein schwarzes Loch und mein Exfreund Ben, alles fällt mir wieder ein. Mein Leben, das eben noch völlig unkompliziert schien, ist von einer Sekunde auf die nächste unglaublich kompliziert und einigermaßen grauenvoll geworden. Und außerdem habe ich einen Ständer.

Als ich mich aufsetze, wird mir klar, dass nunmehr Tag zwei meines Ausflugs ins Zölibat angebrochen ist und es noch zwei ganze Tage bis zu meiner Verabredung mit dem Schwan sind. Obwohl ich erregt bin, wichse ich nicht und versuche auch nicht, übers Telefon oder im Internet einen Fick klarzumachen. Während mein harter Schwanz auf- und abwippt, stehe ich auf und gehe stolz zur Kochnische. Ich hänge einen roten Stern an den Adventskalender, dann starre ich auf meinen straffen Körper in meinem großen Ikea-Spiegel und denke: »Ich schaffe das. Ich habe eine Wahl. Ich werde keusch bleiben und meiner durchgeknallten Tante Flora vergeben. Ich kann das schaffen. Ich bin kein kompletter Versager. Die Heilige Agnes wäre stolz auf mich.«

Mit aller Macht versuche ich, mir diesen Scheiß wenigstens teilweise zu glauben.

Aus dem Hausflur kann ich die Melodie eines Weihnachtsliedes hören. Nur ganz leise. Aber ich bin mir ziemlich sicher, dass es »Der kleine Trommler« ist, der da »pa-ra-pa-pam-pam« durch meine Wohnung stapft. Sofort stelle ich mir vor, wie ich ihn ficke, diesen Hirtenjungen, der mit seiner hässlichen Trommel um den Hals auf dem Weg zum Christkind ist. Ich stelle mir vor, dass ich ihn zwischen seinen Schafen auf einen der grasbedeckten Hügel Jerusalems werfe und seinen dreckigen kleinen Trommlerjungenarsch ficke, bis er nur noch laute Schreie in seiner Muttersprache ausstoßen kann. Ob aus Angst oder vor Lust, weiß ich nicht. Aber es ist mir egal. Er windet sich im Gras, seine dunkle Haut glänzt im Licht des Nachthimmels, die Schafe kommen näher, schauen uns zu, beschnuppern uns. Ich bin nackt, stoße härter und härter zu, und mir steigt der Gestank einer uralten Zivilisation in die Nase, der aus seinem verdorbenen Loch strömt.

Ich schließe die Augen und spreche ein kurzes Gebet an die Heilige Agnes, dann trinke ich mehrere Gläser Wasser. Vor meinen geschlossenen Augen erscheint, in einem Lichtblitz, mein altbekanntes schwarzes Loch, sodass mein Schwanz sofort schlaff wird und dann ganz abstirbt. Ich lehne mich gegen das Waschbecken und blicke in den düsteren Schlund. Er ist groß wie der Krater eines Vulkans, größer als je zuvor. Aus dem Abgrund steigt wirbelnder Rauch empor, und eine Klaue streckt sich nach mir. So intensiv habe ich schon eine ganze Weile nicht mehr daran gedacht. Mein schwarzes Loch zeigt sich immer öfter und auch tagsüber, was mir den letzten Nerv raubt. Solange ich im Zölibat bin, kann ich mich nicht in sexuelle Abenteuer stürzen, um ihm zu entkommen.

Als sich das schwarze Loch freundlicherweise wieder auflöst, trinke ich mein Glas leer und sehe ein, dass ich dringend etwas essen muss. Das wird mir wieder auf die Beine helfen. Mein Keuschheitsgelöbnis macht mir Angst, aber gleichzeitig bin ich froh, endlich wieder etwas in Angriff zu nehmen, das mir nahezu unmöglich und unfassbar schwierig erscheint. Früher habe ich Herausforderungen gesucht.

Ich starre in meinen kleinen Kühlschrank und genieße das warme Licht der Kühlschrankbeleuchtung, das mich überströmt. Drinnen ist nichts außer einer dicken Gurke, lang und dunkelgrün. Ich greife in das kühle, erleuchtete Innere, ziehe meine Hand aber schnell wieder zurück. Keine Ahnung, wann ich das Ding gekauft habe. Vielleicht sollte ich es besser an meine imaginäre Ratte verfüttern, oder das vertrocknete Kondom drüberziehen, das unter der Büchervitrine vor sich hingammelt. Ich hasse Gurken und habe die hier vermutlich nur besorgt, um sie einem meiner herbeifantasierten Trommlerjungs in den Arsch zu schieben. Noch einmal fasse ich in den kühlen Innenraum, und diesmal nehme ich den grünen Schwanzersatz heraus, kann mich aber nicht überwinden, daran zu riechen. Ich muss wirklich einkaufen gehen.

Im Supermarkt fühle ich mich immer sicher. Die dicht gedrängten Reihen voller farbenfroher Cornflakes- und Kräckerschachteln, die riesigen Obsthaufen und die Regale voller Flaschen und Dosen lenken mich ab. Ich laufe durch die Gänge und staune über die riesige Zahl der Artikel, die übereinandergestapelt sind, als sollten sie sich paaren. Die meisten Supermarktkunden sind vollauf damit beschäftigt herumzuhetzen und sich alle möglichen Sachen in ihre winzigen Körbe zu stopfen, um so schnell wie möglich wieder draußen zu sein. Paare wirken immer distanziert, als wollten sie eigentlich vollkommen unterschiedliche Dinge, wären aber dazu gezwungen, Kompromisse zu machen und Wheat-Thins statt Cheez-It-Kräcker zu kaufen. Alle wirken kalt und entschlossen, und allmählich gefällt mir das. Betont langsam mache ich mich auf den Weg zu den Tiefkühlgerichten und genieße meine Freiheit.

Ich nehme zwei Red-Baron-Pizzen mit, laufe dann fröhlich weiter zu den Milchprodukten und halte Ausschau nach Zimtschnecken zum Aufbacken. Eine Ecke weiter lässt mich ein Stapel Rührkuchen wie angewurzelt stehen bleiben. Irgendein cleverer Verkäufer hat auf einem Tisch einen runden Turm dieser eingeschweißten Leckereien aufgebaut, der fast einen Meter in die Höhe ragt. Es sind Billigkuchen der Marke Tabletop, von einer straffen Folie umhüllt, auf der ein lächelndes Mädchen mit Zöpfen zu sehen ist. Ich kann mich nicht von der Stelle rühren. Diesen Kuchen hat Ben jeden Samstagabend für uns gekauft, als wir noch zusammen waren.

Ich kann mich von dem beeindrucken Kuchenturm ebensowenig lösen wie von der plötzlichen Erinnerung an Ben. Er hatte mir den Kuchen immer mit einer heißen Tasse Kakao ans Bett gebracht. Ich fand das wundervoll – den Geschmack des weichen Teigs und der warmen Schokolade, die Begeisterung in seinen Augen, wenn er sich um mich kümmern konnte wie um eine Hauskatze, sein zufriedener Blick, wenn er dann neben mir saß und wir gemeinsam unser Naschzeug verschlangen.

Normalerweise fällt es mir nicht schwer, Erinnerungen an ihn zu verdrängen, und ich hatte schon geglaubt, dass er vollkommen aus meinem Kopf verschwunden wäre. Aber offenbar ist da doch noch was von ihm zurückgeblieben. Zum Glück stehe ich einer ziemlich unwirschen Schrulle in einem teuren, maßgeschneiderten Kostüm im Weg. Sie knurrt und bellt, als ich mich umdrehe und zur Kasse gehe, weit weg von diesen grauenvollen kleinen Rührkuchen und dem kitschigen, hässlichen kleinen Mädchen mit den Zöpfen.

Diese schrecklichen Rührkuchen haben mich aus der Fassung gebracht. Ich bin total im Arsch – in Bens Arsch.

Ich stopfe die zwei Tiefkühlpizzen in meinen Minikühlschrank und sitze danach eine Weile vor meinem Kleiderschrank. In einer großen weißen Schachtel im obersten Fach liegen die Tagebücher, die ich in den sechs Monaten mit Ben geführt habe. Ich habe sie mir nie angesehen und spüre, dass nichts Gutes dabei herauskommen wird, wenn ich sie lese. Trotzdem werde ich sie mir bald ansehen, das weiß ich. Nur noch nicht jetzt.

Mir ist der Appetit vergangen, und ich kann nicht stillsitzen, also mache ich mich auf den Weg ins Fitnessstudio. Ich muss mich unbedingt ablenken und mein Leben wieder auf die Reihe kriegen. Mein Keuschheitsschwur darf nicht ins Wanken geraten. Noch zwei Tage bis zum Mittagessen mit dem Schwanenmann. Ich bin stolz auf mich, aber auch etwas nervös. Ich ziehe eine langweilige Jogginghose und ein weites T-Shirt an und hoffe, dass das Fitnessstudio leer ist.

Vielleicht kommt ja meine imaginäre Ratte, während ich weg bin, unter der Büchervitrine hervorgekrochen und frisst die Tagebücher einfach auf. Wenn ich zurückkomme, werde ich sie tot auf dem Boden finden, aufgedunsen von all den traurigen, lästigen Erinnerungen.

Ich werde sie anonym bestatten lassen.

21. Dezember

Es ist kurz nach Mitternacht. Der Schnee ist wieder da und klimpert mit seinen weißen, nuttigen Wimpern vor meinem Fenster herum. Die weiße Schachtel – fest mit Paketklebeband verschlossen – liegt vor mir, und ich bin nackt. Es ist sehr warm in meiner Wohnung, und die Heizung zischt schon seit einer ganzen Weile vor sich hin.

Ich habe Ben und den Tagebüchern nachgegeben. Einmal aufgescheucht durch die Rührkuchen waren die weggeschlossenen Erinnerungen einfach zu verführerisch. Außerdem habe ich gerade unglaublich viel Freizeit und bin immer noch zu wütend auf Tante Flora, um sie zu besuchen.

Ich starre die weiße Schachtel an – ohne Furcht. Ich werde die Dinger lesen und sie danach verbrennen. Ein weiteres Ritual, wie meine Reise ins Zölibat und meine nächtlichen Bäder. Ich werde diesen Teil meines Lebens zerstören, und dann kann das Universum seinen Teil der Abmachung einhalten und den Schwanenmann und mich zusammenbringen. Natürlich werde ich Ben auf unsere Hochzeit einladen. Das schwarze Loch wird für immer verschwinden. Und mein Vicodin bekommt die imaginäre Ratte.

Seit einem Tag habe ich nichts mehr gegessen. Die Pizzen liegen in meinem Tiefkühlfach und ich weiß, dass ich früher oder später etwas essen muss. Aber ich weiß auch, dass Gandhi ziemlich lange gefastet hat (zumindest im Film) und es ihm danach immer noch ganz gut ging. Ich genieße das nagende, leere Gefühl und die leichte Benommenheit, die der Mangel an Nahrung verursacht. Für eine kurze Verschnaufpause lege ich mich auf den Rücken und fahre mit der Handfläche über meinen Magen. Meine Bauchmuskeln sind flach und fest. Ich wünschte, ich hätte vorhin trainieren können, aber der Ausflug ins Fitnessstudio war ein Desaster.

Wenn ich Gewichte stemme und sich kleine Schweißtropfen auf meinen Beinen und Armen, über meinen Augen und auf meiner Brust bilden, spüre ich normalerweise eine Welle aus Kraft und sexueller Energie durch meinen Körper strömen. Ich dachte, ich könnte diese fiesen Gedanken in meinem Hinterkopf einfach ignorieren und mich ins Training stürzen. Außerdem dachte ich, dass das Fitnessstudio bestimmt leer sein würde, wo doch Weihnachten so kurz vor der Tür steht. Aber das war nicht der Fall.

Die Männer in meinem Studio sind fast alle schwul. Sie tragen die verrücktesten, heißesten Klamotten: unfassbar knappe Shorts, hauchdünnes Elastan, sich dehnende Radlerhosen, moderne, eng anliegende Jogginghosen, bis weit unter die Titten ausgeschnittene Muskelshirts, die nackte, straffe Oberkörper enthüllen. Keiner schaut den anderen an, aber jeder beobachtet jeden. Irgendwie kann man immer einen Blick auf sie erhaschen, wenn sie grunzend daliegen und riesige Hanteln in die Höhe stemmen. Ich schaue den Männern normalerweise im Spiegel zu und stelle mir vor, über ihre Haut zu lecken, bis sich ihre Augen, im Aufstöhnen, unwillkürlich schließen. Außerdem haben alle in der Sauna Sex. Ich schätze, ich hätte wissen müssen, dass das Fitnessstudio kein geeigneter Ort für einen keuschen Mann ist. Heute Nachmittag habe ich es dort vielleicht fünfzehn Minuten ausgehalten.

Als ich gerade Hanteln stemmte, um meinen Bizeps zu trainieren, tauchte plötzlich direkt vor mir ein junger Mexikaner auf. Ich konnte sein Rasierwasser riechen, so nah war er. Ein rauchiger Zitrusduft – vielleicht Tom Fords »Extreme«. Er hatte kurze, schwarze Haare, volle Lippen und einen gedrungenen Körper, der erst vor Kurzem begonnen hatte, Muskeln aufzubauen, sodass alles an ihm besonders prall und durchtrainiert wirkte. Als würden seine Muskelstränge jeden Moment zerbersten. Er trug ein eng anliegendes Muskelshirt und winzige weiße Shorts aus Elastan. Als er so mit geschlossenen Augen vor mir stand, den Geruch von Sandelholz und Zitrusfrüchten verströmte und seine Arme über dem Kopf dehnte, rutschte sein Shirt hoch und gab den Blick auf seinen Bauch frei. Pechschwarze Haare liefen auf die knackige Gurke zu, die sich unter seiner Hose abzeichnete. Das machte mich scharf, aber gleichzeitig bekam ich Appetit auf Salat, weil ich so lange nichts gegessen hatte. Ich floh aus dem Fitnessstudio, stapfte durch das Schneegestöber, und die Kälte bewirkte, dass ich allmählich wieder klar wurde. Zu Hause angekommen, zog ich mich aus, setzte mich auf den Boden und war endlich bereit, mich den Ben-Tagebüchern zu stellen, die jetzt vor mir liegen.

Die weiße Schachtel lässt sich nicht so leicht öffnen. Ich weiß noch, dass ich sie verschloss, als gelte es, Dracula zu beerdigen, der niemals befreit, niemals auf ein argloses Dorf Unschuldiger losgelassen werden darf. Bis ans Ende aller Tage sollten die Tagebücher in ihrem weißen Pappsarg eingeschlossen bleiben. Das Klebeband lässt sich nirgendwo abziehen, also nehme ich ein scharfes Messer. Als ich es ansetzen will, flackert im Schatten an der gegenüberliegenden Wand mein schwarzes Loch auf und flüstert mir zu, dass das Messer scharf genug wäre, um mir die Handgelenke aufzuschlitzen. Ich durchsteche das Klebeband, atme tief ein und fühle mich ein bisschen benommen. Ich übertreibe es wirklich mit der Dramatik.

Wenig später lässt sich der Deckel abnehmen. Zuerst zögere ich wieder – doch dann stecke ich rabiat meine Hand in die Schachtel, als würde ich einen besoffenen Typen fisten, um seinem Hintern ein Medaillon zu entwinden, das jemand vor Jahren dort zurückgelassen hat. Das erste Tagebuch ist ein Hello-Kitty-Heft. Es wird von drei Gummibändern zusammengehalten.

Ich bin jetzt schon vollkommen erledigt.

Mit dem Messer durchtrenne ich die Gummibänder; sie schnipsen weg und landen unter meiner Büchervitrine, bei der Ratte und dem alten Kondom. Ich vermeide es, zur gegenüberliegenden Wand hinüberzusehen, denn ich weiß, dass mein schwarzes Loch genauso große Angst hat wie ich, als ich das erste Heft öffne.

Auf der ersten Seite ist ein Smiley. Zum Kotzen. Es fällt mir schwer, mich an irgendeinen Punkt in meinem Leben zu erinnern, an dem ich glücklich oder dämlich genug war, einen Smiley zu malen. Ich blättere ziellos durch die Seiten.

Datumsangaben gibt es keine. Die Handschrift ist ungleichmäßig und wirkt kindlich: Blaue, dann rote, dann blassrosa Tinte – die Farbe wechselt manchmal mitten im Absatz. Ein längerer Abschnitt wurde mit hellgrünem Marker geschrieben, zwischendurch finden sich Strichmännchen, Kritzeleien mit einem fettigen orangefarbenen Wachsmalstift. An einer anderen Stelle entdecke ich einen Schokoladenfleck, und eine Seite ist vollständig mit Bildern von jungen Männern in Badehosen beklebt, die aus irgendwelchen Hochglanzmagazinen herausgerissen wurden. Ein winziger Stierkämpfer mit einem kunstvoll gefertigten Umhang aus Brokatstoff grinst mich an.

Ich kann mich nicht daran erinnern, so einen zurückgebliebenen Haufen Scheiße fabriziert zu haben.

Dann sehe ich, für einen kurzen Moment, mein früheres Selbst vor mir: Ich trage einen Flanellpyjama, auf meinen Knien liegt ein Notizheft. Ich erinnere mich an dieses Bild, es war die ganze Zeit da, weit in den Hintergrund gedrängt. Das war vor zwei Jahren, als ich Ben gerade kennengelernt hatte. Das war ich. Jemand, der gemütlich Rührkuchen isst und mit orangefarbenen Wachsmalstiften seine verliebten Gedanken zu Papier bringt.

Hinter meinen Jalousien treibt der stärker werdende Sturm Wolken von Schnee vor sich her. Die Flocken wirken dreckig und grau, kein bisschen wie der reine, weiche Schnee, der über den Teich wirbelte, auf dem mein Vater immer Schlittschuh lief. Es sind viel zu viele – Millionen winziger Eisflöhe, die nach unten prasseln, um auf den Bürgersteig zu zerplatzen. Ich will das Fenster aufreißen und die Schachtel in die Flut der widerlichen Schneeflocken werfen. Eine Weile schaue ich dem hässlichen Schneetreiben zu, dann betrachte ich wieder das bunte Heft. Ich muss an die Ratte unter der Vitrine und meine letzten Sexdates mit Speedoboy und Pig und an Ben und den Schwan denken.

Was ist bloß mit mir geschehen?

Ich habe jemanden kennengelernt. Er heißt Ben und ist ziemlich klein, ein lustiger Typ – anders als die anderen. Zumindest nicht wie Wilhelm, nicht so gemein. Einen Monat lang war ich Wilhelms kleine Schlampe, aber Gott sei Dank bin ich von diesem durchgeknallten Wichser losgekommen. Ben ist süß. Ich glaube, ich könnte ihn lieben. Eine Wahrsagerin hat mir letzten Monat erzählt, die Liebe würde mich bald finden – aber ich würde dann versuchen, sie zu zerstören. Als ich sie gefragt habe, wie ich das verhindern könne, wollte sie mehr Geld, also habe ich ihr gesagt, dass sie sich verpissen soll. Hoffentlich hat sie mich nicht verflucht.

Ben und ich haben uns in einem Sexclub, in so einer Bar in der Innenstadt getroffen. Mein Freund Joe, der mit Transen und Pornodarstellern und Dichtern verkehrt, betreibt da diesen Underground-Schuppen, damit man nach Feierabend noch irgendwo abhängen kann. Ich frage mich, warum mir der kleine Ben überhaupt aufgefallen ist. Ich glaube, ich hatte einfach genug von bösen Jungs, von wütenden Männern wie Wilhelm, der mich abgeschossen hat, weil ich nicht wollte, dass er mir seinen Schwanz in den Arsch schiebt. Was für ein Schwein das war. Ben hatte eine sanfte Ausstrahlung.

Ich hatte mir in derselben Nacht gesagt: »Ich will einen liebenswürdigen, netten Typen.« Also war Ben im Spiel.

Das sind die letzten mit Füller geschriebenen Sätze. Offenbar hatte ich mich entschieden, mit Bleistift weiterzuschreiben. Und ich weiß jetzt auch wieder, was ich mir dabei gedacht hatte. Als er noch jünger war, hatte mein Vater als Schreiner gearbeitet. Kurz bevor er starb, hatte er mir dann seinen Druckbleistift geschenkt. Er war dick und rot und übersät mit Bissspuren, weil mein Vater sich ihn immer zwischen die Zähne klemmte, wenn er beim Zeichnen von Konstruktionsplänen auf ein Problem stieß. Ich glaube, ich habe einige Absätze in meinem Tagebuch mit diesem dämlichen Ding geschrieben, weil ich dachte, das würde es, mitsamt den Bissspuren und Speichelresten meines Vaters, irgendwie zu etwas Besonderem machen. Aus irgendeinem Grund habe ich die Bleistiftabsätze im Präsens geschrieben. Die Seite hat ein paar bräunliche Flecken, wahrscheinlich Kaffee. Zweifellos war ich unterernährt und überkoffeiniert und habe mich deswegen in diesen Zustand überdrehter Präsenz hineingesteigert.

Männer, die einander anstarren, ein paar knutschen rum. Spanner in den Ecken. Nicht weit weg von mir steht ein umwerfender, blonder Sportlertyp. Er hat einen kräftigen Körper und sieht bestimmt zu mir rüber. Er schwankt, ist ziemlich betrunken. Ein etwas kleinerer Schwarzer fummelt an seinem Hemd rum und versucht, es ihm auszuziehen, aber der blonde Adonis macht nicht mit. Plötzlich dreht er seinen Kopf wirklich in meine Richtung und grunzt. Im selben Moment sehe ich, am Rande der Tanzfläche, seinen nichtssagenden dunkelhaarigen Kumpel. Das ist Ben.

Während ich auf den blonden Kerl zugehe, behalte ich Ben im Auge. Er wirkt friedlich, als würde er sich einen netten Film ansehen oder einer Sinfonie zuhören.

Der Blonde lächelt, und ich schiebe meinen Mund nah an seine Achsel, um seinen Geruch einzusaugen. Ben wiegt sich im Takt der Musik und nippt an einem lustig bunten Strandcocktail. Er kommt ein paar Schritte auf uns zu. Der große Blonde taumelt ein bisschen.

Ich reiße mich von ihm los und gehe zu Ben. Dann spiele ich an mir selbst rum und drücke meinen Körper gegen seinen. Er weicht nicht von der Stelle. Der große Blonde sieht zu, was mich ziemlich antörnt, also öffne ich meine Hose und reibe mich an Ben. Zuerst befummelt er mich ein wenig, dann wichst er mich ziemlich schnell ab. Ich frage ihn, ob er mit zu mir kommen will, und er sagt wie selbstverständlich ja, als hätte ich ihm ein Pfefferminz angeboten. Während der Taxifahrt schweigen wir.

In meiner Wohnung entschuldigt er sich für einen Moment, geht ins Bad und übergibt sich, danach kommt er zurück in mein wartendes Bett und schläft sehr schnell ein. Ich sehe ihm beim Schlafen zu, bin wahnsin-

nig fasziniert, weil er so normal ist – für mich ist das völlig ungewohnt. Bis jetzt kannte ich nur Durchgeknallte, Säufer, Obdachlose, Fetischisten, hirnlose Sportler und Idioten.

Ich glaube, er wird mein Freund. Er ist total langweilig. Er wird mich nie verlassen.

Auf einigen Seiten des Heftes entdecke ich rote und grüne Herzen, lächelnde Gesichter und auch ein kleines blaues Haus. Ich frage mich, welches hirntote Teenie-Mädchen mein Tagebuch geführt hat. Offensichtlich ist sie naiv und glaubt, sie wäre verliebt. Sie verspürt gerade einen ihr unbekannten, aufregend warmen Rausch – so ähnlich wie ich letzten Sommer, als ein Typ mich zum ersten Mal vollgepisst hat. Sie glaubt, dass dieses Gefühl ewig anhalten wird und dass sich für sie eine neue Welt aufgetan hat. Dieses Mädchen, das vorher nichts als Leere, schnelle Nummern, Chaos und Verlust kannte, glaubt, es hätte die wahre Liebe gefunden. Sie täte gut daran, sich auf ein großes, hässliches Erwachen gefasst zu machen.

Ben ist für mich wie ein Wesen von einem anderen Stern. Er ist so leicht zufriedenzustellen. Ich bin so leicht zu enttäuschen. Wir machen uns gegenseitig Komplimente. Wenn er sich abends hinlegt, schläft er sofort ein. Er schnarcht gerade, während ich im schummrigen Licht meiner Nachttischlampe schreibe. Es stört ihn nicht.

Ich hatte ihn eingeladen, mit mir einen Horrorfilm zu gucken und Pizza zu essen – das perfekte Date. Die Pizza fand er fade, und während des Films ist er eingeschlafen. Eine Weile habe ich ihn beobachtet, dann habe ich ihn noch mal aufgeweckt und gefragt, ob er über Nacht bleiben möchte. Er grunzte und lächelte und sagte: »Na klar.« Während er schläft, denke ich an Einhörner, schimmernde, seltsame Kreaturen. Das ist Ben. Ich entdecke gerade die Liebe. Wahrscheinlich werde ich die ganze Nacht aufbleiben.

Ich lade Ben ein, mit mir zu baden. Ich liebe heiße Bäder mit Kerzen und Lavendelduft. Das ist also, für mich, ein fast unfassbar romantischer Vorschlag. Er zieht sich aus und setzt sich in die Wanne, meint aber, dass sie zu klein sei und dass sie ihn ersticke. Dann zieht er sich wieder an, bedankt sich bei mir und geht. Ich starre immer noch in den leeren Flur, lange nachdem er um die Ecke gebogen und die vier Treppen runtergestiefelt ist. Ich starre immer noch in den beschissenen leeren Flur.

Endlich esse ich etwas, und mit jedem Bissen erschauert mein ganzer Körper. Ich verschlinge eine Tiefkühlpizza, die mit perfekten kreisrunden Peperoni belegt ist. Mein Bauch bläht sich mit jedem fettigen Happen auf. Während ich vor mich hinschmatze, untersuche ich die Innereien der weißen Tagebuchschachtel. Ein Notizbuch mit einem grinsenden Totenkopf macht mich neugierig. Ich weiß noch, dass ich es gekauft habe, als ich niedergeschlagen war. Gut möglich, dass das oberflächliche Teenie-Mädchen inzwischen von einem grüblerischen Rockerbengel abgelöst wurde. Ich versuche mich daran zu erinnern, wie es um mich und mein Gefühlsleben stand, als ich diese Tagebücher schrieb. Und wieso ich dann da gelandet bin, wo ich heute stehe. An eine derart dramatische Veränderung meines Gefühlslebens kann ich mich gar nicht erinnern. Launisch war ich natürlich immer schon.

Ich reiße das Notizbuch mit dem grinsenden Totenschädel auf, und mich begrüßt die Handschrift eines Wahnsinnigen. Riesige, hektisch aufs Papier geschmierte Buchstaben, geschrieben mit schwarzer Tinte und einem Füller, der, wie es scheint, ständig auslief und schon ziemlich hinüber gewesen sein muss. Die Zeitform wechselt andauernd, und das Papier ist von tiefen Kratzspuren übersät, als hätte ich den Stift tief in die Seiten gegraben und versucht, die Worte aufzureißen. Auf der ersten Seite des Schädelbuchs stehen drei große Wörter: »ICH HAB VERSCHISSEN!!!!!!!«

Das klingt schon eher nach mir.

ICH HAB SO WAS VON VERSCHISSEN. ICH BIN IM ARSCH. ICH HASSE MICH. Alles mache ich kaputt. Ben bedeutet mir so viel. Ich liebe ihn. Scheiße, scheiße, scheiße, scheiße, scheiße.

Wie konnte ich das nur tun, das bringt mich noch um. Auf dem Weg zum Fitnessstudio habe ich zwei Jungs einen runtergeholt, in der öffentlichen Toilette am Washington Square Park. Drei Monate war ich Ben treu, hatte mit niemandem sonst Sex, und jetzt das.

Der eine sah aus, als würde er schon aufs College gehen. Der andere war so jung, dass ich sein Alter nicht richtig einschätzen konnte, und schwarz. Schwarze verwirren mich, ich weiß nie, wie alt sie sind. War er zwölf und für sein Alter besonders gut entwickelt? Oder zweiundzwanzig und kleingewachsen, ein Zwerg? Zwischen dem anderen und mir ging es schon ziemlich zur Sache, und er kam dazu und wollte unbedingt mitmachen.

Ich weiß, es war falsch, in jeder Hinsicht. Aber gerade das hat mich so angemacht. Ich hätte mir am liebsten die Augen ausgerissen, aber gleichzeitig wollte ich immer und immer wieder abspritzen. Diese Toilette ist besonders abstoßend – immer sind da ein paar geisteskranke Obdachlose, die bei den WCs stehen, vor sich hinsingen und in Zungen reden. Der Sex findet vor den Pissoirs statt. Ich war schon ziemlich lange nicht mehr da gewesen. Früher allerdings war diese Klappe häufig meine letzte Rettung, ein dreckiger kleiner Boxenstopp nach einem deprimierenden Tag.

Als ich wieder ins Freie trat, war ich mir sicher, dass draußen ein Streifenwagen auf mich warten würde, um mich wegen Missbrauchs Minderjähriger zu verhaften. Aber der beschissenste Teil der Geschichte kommt erst noch: Kaum dass ich wieder draußen war, rief mich Ben an und fragte, ob wir uns zum Abendessen treffen wollten. Kurz zuvor hatte ich noch an ihn gedacht – ein ziemlich schreckliches Vorzeichen.

»Was machst du gerade?«, fragte er.

»Ich bin bei Macy's und suche nach neuen Handtüchern«, antwortete ich.

Er glaubte mir. Dieser dämliche, wunderschöne Trottel glaubte mir.

Später schlafen wir miteinander. Aber ich habe die fixe Idee, dass ich immer noch nach Toilette stinke. Als er endlich friedlich schläft, schließe ich mich im Bad ein und weine, dann stelle ich mich unter die brühend heiße Dusche, schrubbe meine Haut fester und fester und sage mir pausenlos, dass ich nie wieder fremdgehen werde. NIE, NIE, NIE WIEDER.

Im Schädelnotizbuch fehlen zwei Seiten. Wie man an den ausgefransten Resten sieht, sind sie herausgerissen worden. Ich habe keine Ahnung, warum ich diese beiden Seiten entfernt habe. Ich weiß, ich bin immer wieder fremdgegangen, andauernd – alles schnelle, anonyme Nummern. Über die nächste Seite zieht sich ein roter Streifen, und wieder weiß ich nicht, was das sein könnte. Ketchup? Pizzasoße? Blut?

Ich trinke einen großen, heißen Becher Kaffee und denke mir, dass es richtig war, diese ganze Geschichte aus meinem Kopf zu verbannen. Wer kommt schon mit solchen Erinnerungen klar? Ich habe die Sache versaut, das weiß ich. Aber welche Rolle hat eigentlich Ben gespielt? Hat er was gewusst oder wenigstens geahnt? Er muss doch gespürt haben, dass ich mich veränderte. Er war doch in derselben Beziehung wie ich, oder nicht? Schließlich gehören immer zwei dazu.

Wenn ich an einer multiplen Persönlichkeitsstörung leiden würde, so wie Sybil in diesem unglaublich traurigen Fernsehfilm mit Sally Field, könnte ich alles auf die anderen schieben, auf Bob, Raymond, Benny oder Bill. Aber so ist es eben nicht. Ich bin einfach nur ich.

Scheiße.

Eine Ewigkeit lang sitze ich einfach nur da. Ich zähle die Tagebücher. Zwölf Stück liegen in der weißen Schachtel zu meinen Füßen. Die zwölf Weihnachtstage, die zwölf Apostel, die zwölf Stationen des Kreuzweges. Nicht gerade hilfreich, solche Assoziationen. Ich habe die Batterien aus meinem Wecker genommen und ihn in den Schrank gestellt, um die Zeit zu vergessen, aber langsam raubt mir das alles den letzten Nerv. In meine warme kleine Höhle dringt kein bisschen Tageslicht, und ich habe keine Ahnung, ob es Nachmittag oder schon Abend ist. Immer noch wirbeln vor dem Fenster dreckige Schneeflocken.

Ich greife noch einmal in die Schachtel und ziehe diesmal ein absolut nichtssagendes Notizbuch hervor. Hoffentlich steht da Angenehmeres drin als in dem letzten. In welcher Reihenfolge ich die Tagebücher damals geschrieben habe, weiß ich nicht mehr. Keine Ahnung, ob dieses hier vor oder nach dem Dreier in der Toilette am Washington Square entstanden ist.

Heute fühle ich mich ausnahmsweise vollkommen ruhig. Es regnet.

Ich glaube, ich liebe Ben. Aber wie soll ich das wissen, wo ich doch noch nie verliebt war? Der Sex ist ziemlich durchschnittlich. Ich habe mir immer ausgemalt, dass die Liebe, wenn sie kommt, mit Pauken und Trompeten in mein Leben einfallen und mich mit tonnenweise überirdischem Sex und zuckersüßer Romantik überhäufen wird. Da scheine ich mich geirrt zu haben.

Ich denke einfach oft an Ben, und ich muss immer lächeln, wenn ich an ihn denke. Aber das ist es dann auch schon. Außer vielleicht, dass ich mich immer darauf freue, ihn wiederzusehen, wenn er gerade mal nicht da ist. Ich fühle mich geborgen bei ihm, wie noch nie zuvor in meinem Leben.

Ein Problem sind allerdings meine ständigen anonymen Seitensprünge. Zwar mache ich mich deswegen nicht mehr verrückt. Um nicht durchzudrehen, versuche ich nicht zu viel darüber nachzudenken. Ich stelle mich tot und tue so, als sei nichts gewesen. Immer noch besser als die ewigen Schuldgefühle. Zumal wir ja nie offiziell beschlossen haben, monogam zu bleiben, obwohl ich glaube, dass Ben es ist. Und ich will ja eines Tages auch monogam leben, aber ich weiß nicht, ob ich das schaffe. Es stimmt schon, ich habe Angst vor Nähe, das sagt jedenfalls mein Selbsthilferatgeber. Und im Fernsehen reden sie auch ständig davon, als wäre das eine tolle Sache, die alle haben wollen. Scheiß auf sie. Viele Menschen haben Angst vor Nähe und sprechen bei Jerry Springer oder in anderen Nachmittagstalkshows darüber. Ich habe mal eine Sendung gesehen, in der es darum ging, dass ein Mann seine Frau mit ihrer fetten Schwester betrogen hatte. Am Ende stellte sich dann heraus, dass die angebliche Schwester ihr Bruder war – wenn ich das noch richtig im Kopf habe.

Ich glaube schon, dass es bei mir tief sitzende, untherapierbare Probleme gibt. Obwohl ich, offen gesagt, nicht so genau weiß, was das eigentlich heißt, Angst vor Nähe. Auf der Straße mit dem Finger darauf zeigen könnte ich jedenfalls nicht. Und ich liebe Ben ja wirklich. Ich wünschte, ich könnte ihm die Wahrheit über mich sagen, aber ich weiß, das würde alles kaputtmachen. Ich habe das Gefühl, mich in einem hübschen kleinen Kreis zu drehen, ein hirntotes Kind auf einem Karussell, ein Schlittschuhläufer auf einem zugefrorenen See, der seine Bahn schon lang nicht mehr verlassen kann.

Die folgenden Seiten des Notizbuchs sind leer. Große, weiße, linierte, saubere Seiten. Vollkommen friedlich, wie frisch gefallener Schnee. Nicht grau und schmutzig wie das Schneegestöber vor meinem Fenster. Weit hinten im Buch folgen dann doch noch ein paar Absätze, auffällig ordentlich geschrieben, mit blauer Tinte. Als handelte es sich um einen Aufsatz für eine frigide Lehrerin, gespielt von Emma Thompson.

Ich laufe, auf der Suche nach einem Laptopkabel, durch das Labyrinth einer riesigen Staples-Filiale Downtown. Vor mir steht ein junger Typ, vermutlich Brasilianer, sehr gut angezogen. Wir stehen im Kellergeschoss, im hintersten Teil des Ladens, zwischen Stapeln von Videospielen mit Titeln wie Zombie, Pit War *und* Street Fighter. *Es ist später Nachmittag, und außer uns ist niemand da. Seine starren, braunen Rehaugen sind riesig. Er leckt sich die Lippen wie eine billige Pornodarstellerin im Internet und reibt die beeindruckende Wölbung in seiner Hose.*

Ich bin auf dem Weg zu Ben, um das Wochenende bei ihm zu verbringen, und habe nur einen Zwischenstopp eingelegt. Er will für mich kochen. Kabeljau. Eigentlich hasse ich Fisch. Aber sein Angebot lässt mein Herz höher schlagen. Ich kann ihm nicht sagen, dass ich Kabeljau nicht mag. Ich habe Angst, ihn zu verletzen.

Immer noch starre ich auf den brasilianischen Kerl vor mir, seinen pochenden Schritt, seine Lippen, seine Rehaugen. Meine kleine private Sexshow, und zum ersten Mal in meinem Leben würde ich gern abhauen. Aber stattdessen lege ich meine Hand zwischen seine Schenkel und meine Lippen auf seine. Eine ganze Weile machen wir aneinander rum, und während ich seinen Schwanz massiere, fühle ich mich zugleich berauscht und gelähmt. Wir stehen mitten in einem Laden und könnten jederzeit verhaftet werden. Schließlich spritzt er stumm in seine Hose.

Ich erzähle Ben, der Zug wäre stecken geblieben. Er hat den Kabeljau warm gehalten und ist begeistert, als ich sage, dass er wirklich gut schmeckt.

Ich hasse den Geschmack von Fisch, und ich hasse mich selbst.

In dieser Nacht haben wir keinen Sex. Wir kuscheln ein bisschen und schlafen dann ein. Etwas ist anders, und es lässt sich nicht mehr rückgängig machen.

Beim Frühstück erzählt Ben ohne Punkt und Komma von seiner Arbeit und seiner Familie, aber ich höre nicht besonders aufmerksam zu. Ich muss immer noch an den Brasilianer im Staples denken, an die Wölbung in seinem Schritt. Später liegen wir nebeneinander. Ben hat die Angewohntheit, seine Beine über meine zu legen. Als würde er mich bewegungsunfähig machen wollen. Mir gibt das ein Gefühl von Geborgenheit. Ein Zeichen wahrer Liebe. Er bringt mir heißen Kakao und Rührkuchen ans Bett. Hoffentlich war das nicht das letzte Mal. So fühlt sich, glaube ich, Nähe an.

Ich versuche, die brasilianische Schlampe und ihren großen Schwanz zu vergessen.

Überall um mich herum verteilt liegen Tagebücher auf dem Fußboden. Ihre Cover sind zerfleddert, die offenen Seiten flattern im Wind des Ventilators wie die Flügel sterbender Vögel. Die weiße Schachtel ist fast leer. Allmählich beginne ich zu begreifen, was das eigentlich war, das zwischen Ben und mir. Flüchtige Blicke auf eine zerbröckelnde Beziehung, wie aus großer Entfernung. Als ginge es gar nicht um uns. Meine Seitensprünge, sein blindes Vertrauen, das niederschnellende Beil. Ich schalte den Fernseher ein und suche nach einer Sendung, bei der ich nachdenken kann. Den Ton drehe ich ab.

Auf dem Bildschirm erscheint ein Moderator mit Fliege. Links von ihm eine fettleibige Frau mit blondierten Haaren, rechts ein auffällig dünner, noch ziemlich junger Mann. Ein verwahrlostes, ebenso dürres Mädchen mit Akne sitzt neben ihm und hält seine Hand.

Die fette Blondine weint. Der dürre Typ zieht seine Hände aus den Hosentaschen. Jetzt ist er an der Reihe. Er gestikuliert wie verrückt. Die fette blonde Frau vergräbt das Gesicht zwischen den Händen.

Ich male mir aus, dass er fremdgegangen ist. Er hat seine schwabbelige Freundin im Trailer Park sitzen gelassen, um in Ruhe das versiffte Mädchen zu knallen, auf dem Kaufhausklo. Untreue. Das kommt in den besten Familien vor. Die fette Frau sackt immer weiter in sich zusammen, während der dürre Kerl nach wie vor gestikuliert, als würde er gleich anfangen, um sich zu schlagen. Man kann ihren grauen Haaransatz erkennen. Sie wirkt viel zu jung für graue Haare.

Plötzlich springt sie auf, greift sich ihren Stuhl und stürmt auf das Mädchen zu, das ebenfalls aufgestanden ist und eine Hand in die Hüfte gestemmt hat. Ich schalte den Fernseher aus.

Was wäre passiert, wenn ich Ben von meiner Angst vor Nähe, von meinen Seitensprüngen erzählt hätte? Vielleicht hätte er auch um sich geschlagen. Ich wäre zersprungen wie ein rohes Ei, die Wahrheit wäre aus mir herausgespritzt wie Dotter. Aber dann hätten wir alles geklärt und wären heute vielleicht immer noch zusammen.

Ich seufze und nehme ein hübsches, limettengrünes Notizbuch aus der heilig-weißen Schachtel.

Im Fitnessstudio. Bei den Hanteln steht ein heißer Typ in unfassbar knappen, grünen Nylonshorts und einem T-Shirt aus Elastan. Er fragt mich nach meinem Namen, und ich sage ihm, ich hieße Jack. Ich gebe meiner Stimme einen tiefen, aggressiven Klang, und ihn scheint das anzumachen. Ich habe ihm schon mal zugesehen, beim Sex unter der Dusche.

Ich schaue in den Spiegel hinter ihm, aber dort sehe ich nicht mich, sondern Jack. Jack ist kein besonders freundlicher Typ. Triumphierend lächle ich mein Spiegelbild an. Zurzeit läuft mein Leben fantastisch: Ich liebe Ben, bin gut in Form und die Männer fliegen auf mich. Ich habe den Dreh raus. Ich bin eine geile Sau.

Endlich sind sie da, meine besten Jahre.

Bei unserem letzten Treffen saßen wir uns in einem Diner gegenüber. Damals wusste ich nicht, dass das unsere letzte Begegnung sein würde. Ich sagte ihm, ich bräuchte eine Auszeit. Ich sei nicht ehrlich zu ihm gewesen und müsse mich erst einmal selber finden. Er glotzt mich mit vollkommen leerem Blick an, als wäre er eine Plastikpuppe, die ihren starren Kopf nicht bewegen kann. Dann fragte er mich: »Soll ich auf dich warten?«

Das war das Traurigste, was ich je gehört hatte, und es machte mir Angst. Ich sagte, dass ich das nicht wüsste. Er stand auf, mit versteinertem Gesicht, und ging.

In dieser Nacht, zurück in meiner Wohnung, hatte ich lange einfach nur dagesessen. Ich wusste, ich würde vielleicht nie wieder Bens Berührungen spüren, nie wieder seinen Rührkuchen essen, nie wieder seine Beine auf meinen fühlen, nie wieder seine Lippen schmecken. Es war die erste Nacht, in der ich die Vicodintabletten zählte und mir ein Lavendelbad einließ. Die Nacht, in der ich zum ersten Mal mein schwarzes Loch vor mir sah, während ich heulend in der Wanne saß. Noch in derselben Nacht lud ich einen fremden Mann in meine Wohnung, um mir einen blasen zu lassen. Er hatte eine Glatze, mit Steroiden vollgepumpte Muskeln und trug einen Wrestlinganzug.

Ich starre die weiße Schachtel an. Es schneit immer noch. Die Tagebucheinträge werden kürzer.

Ich habe geträumt, meine Rippen wären mit Bens verwachsen. Als ich versuchte, mich von ihm loszureißen, hörte ich einfach auf zu atmen. Ist das die Liebe, wie sie in Songs besungen wird?

Im Moment lese ich Auf der Suche nach Mr. Goodbar. *Diese billige Tussi ist vollkommen durchgeknallt.*

Ich trage die ganze Zeit den dünnen Goldring, den Ben mir geschenkt hat. Ich nehme ihn niemals ab.

Ich bin todmüde. Das Schnee draußen vor dem Fenster ist eine weiße, undurchlässige Wand.

Die Schachtel vor mir auf dem Boden hat sich in ein klaffendes Loch verwandelt, obszön wie das gespreizte Arschloch meines kleinen Trommlerjungen. Die prallen, geschändeten Arschbacken der kleinen Schlampe sind mit Ruß, Scheiße und Gras beschmiert, ein anderer Mund. Die Schachtel reißt ihren Schlund noch weiter auf, also quetsche ich mich hinein. Um mich fühle ich hungrige, misshandelte Wände, die unendlich tief hinabreichen. Ich werde sie weiter ficken, hart und gnadenlos.

Vielleicht sollte ich aufhören, mich selbst zu quälen. Ich habe schon die halbe Nacht mit diesen Tagebüchern zugebracht.

Mein Blick fällt auf ein dünnes Heft, auf dem ein lila Dinosaurier abgebildet ist. Keine Gummibänder, die es fest und sicher umschließen. Die Seiten sind leuchtend weiß, nicht vergilbt wie bei einigen der anderen Tagebücher. Das muss das jüngste sein.

Ich schnappe es mir und bin froh, bald aufhören zu können. Nur noch dieses hier, und ich werde die Schachtel samt Inhalt verbrennen. Beim Aufschlagen fällt ein Foto heraus: ein Schnappschuss von Ben, aufgenommen zu Silvester in einem Casino in Atlantic City. Im Hintergrund sind ein paar Zimmerpalmen zu sehen, und das Licht auf dem Photo hat diesen grässlich grauen Ton, wie er typisch für Innenräume im Januar ist. Ben trägt einen glänzenden grünen Hut, auf dem in Goldbuchstaben »Frohes neues Jahr« steht. Er hält eine billige Plastiktröte zwischen den Lippen, aber scheint nicht die Kraft zu haben, hineinzupusten. Seine Augen lassen mich erzittern. Sie wirken leer und traurig, aber auch abwesend und unaufmerksam. Er sieht aus wie eine Wachsfigur. Das war lange vor unserer letzten Verabredung im Diner. Als ich noch dachte, dass sich alles irgendwie einrenken wird.

Es ist Silvester, und ich bekomme um Mitternacht keinen Kuss. Stattdessen ein abgeschmacktes Casino, plärrende Tröten, fette Frauen, die auf Spielautomaten starren, auf denen die Bezaubernde Jeannie *zu sehen ist, und birnenförmige Männer, die an ihrem Freibier nippen. Dieser Ausflug war meine Idee. Ben hat gerade zweihundert Dollar gewonnen.*

Es ist mir gleich. Wir warten auf den Bus, der uns zurück nach Brooklyn in seine Wohnung bringen soll. Die Nacht ist vorbei.

In seiner Wohnung.

Ben versucht sich bei mir anzukuscheln, was mir tierisch auf die Nerven geht. Lieber konzentriere ich mich auf die Geräusche aus der Wohnung nebenan. Seine Nachbarn sind ziemlich jung und verdammt gut drauf. Der Morgen dämmert schon, und noch immer dringen die Geräusche ihrer Party leise zu uns durch die Wand: gelegentliches Lachen und langsame, launische Musik, die mich ganz krank macht. Er hat es aufgegeben und rollt sich von mir weg. Ich spüre, wie er sich immer weiter entfernt – er kippt über die Bettkante, dann sinkt er unter die Dielen, dann tief hinunter unter die Erde und stirbt.

Ich bin so unglaublich müde. Auf der Straße steht ein Junge und wiederholt immer wieder denselben, unverständlichen Satz. Es klingt wie Jubelgeschrei. Am liebsten würde ich raus aus dieser Wohnung, raus in die eisige Kälte, den brüllenden Jungen an mich ziehen und mit mir auf den Bürgersteig reißen.

Ich werde ganz leise aufstehen und mich rausschleichen. Ich werde übergehen und gegen die Tür der Nachbarn hämmern. Ihnen sagen, dass sie verflucht noch mal leise sein sollen. Dann werde ich runter auf die Straße gehen und den Jungen mit der lauten, vergnügten Stimme treffen. Ich werde nicht schlafen.

Ben schnarcht, die leisen, zarten Geräusche der Leute nebenan lassen mir keine Ruhe. Ich kann nicht aufhören, daran zu denken, wie es war, am Anfang. Als Bens Berührungen sich anfühlten wie eine weiche Feder, die jede Faser meines Körpers zum Schwingen brachte. Immer tiefer sinke ich hinab, immer schneller wird mein Fall, gefangen in einem Fahrstuhl, der ins Bodenlose stürzt, unaufhaltsam. Ich sage mir, dass ich jetzt endlich aufstehen muss. Ich muss diesen Ort verlassen.

Doch ich kann nichts tun als liegen bleiben und seinem ruhigen Atmen neben mir zuhören. Ich bin tot.

22. Dezember

Ich treffe den Schwanenmann. Zu einem späten Mittagessen, in der Sushibar im East Village, die er vorgeschlagen hatte. Vier Tage Zölibat liegen hinter mir. Nach meinem ebenso bestürzenden wie aufschlussreichen Tagebuch-Lesemarathon habe ich lange geschlafen. Ich bin hellwach, erfrischt und putzmunter. Mein Kopf ist klarer als je zuvor in meinem ganzen verfickten Leben. Die riesige Dosis Koffein, die ich mir heute früh verabreicht habe, wird ihren Teil dazu beigetragen haben.

Ich dusche in Ruhe und entscheide mich für Schuhe, ein Hemd und einen Pullover, die zugleich zurückhaltend und verführerisch wirken. Jetzt verstehe ich, wozu der Schwan in mein Leben getreten ist. Er soll mein Lehrer sein, so wie Jesus.

Vielleicht nicht ganz wie Jesus. Aber der Schwan hat ein strahlendes neues Kapitel in meinem Leben aufgeschlagen. Das Zölibat, die vorübergehende Schließung des Frauenzentrums, die gespenstische Nonne bei Barnes & Noble, die Tatsache, dass ich zum ersten Mal seit Jahren vier Tage ohne Sex ausgekommen bin, die Einsicht, wie schlecht ich Ben behandelt habe, und dass ich Ben nie gesagt habe, was wirklich in mir vorging – das alles gehört zusammen, ist Teil eines schicksalhaften Planes. Und sobald die Sache mit dem Schwanenmann ins Rollen gekommen ist, werde ich auch die Kraft haben, mich mit Ben auszusprechen, und dann werden wir gute Freunde.

Natürlich kann es sein, dass ich mich belüge, mit meiner »Heile dich selbst«-Dauerwerbesendung. Aber es ist wirklich etwas passiert. Heute Morgen habe ich Ben angerufen und ihm eine Nachricht hinterlassen. Ich bin endlich bereit, mich alledem zu stellen. Für den zweiundzwanzigsten Dezember hänge ich sternförmigen Weihnachtsschmuck an den Adventskalender.

Beim Zerstäuben von Tom Fords »Black Orchid«-Parfum habe ich eine wunderbare Vision. Ich sehe mich als leuchtend grüne Fliege, die in einem Netz aus schimmernder Seide gefangen ist. Aber dann wird mir klar, dass ich meine fadendünnen Beinchen nur anzuheben brauche, und schon steige ich wieder in die Höhe. Mein ganzes Leben wandelt sich gerade zum Besseren. Ich kann fliegen wie die Rentiere des Weihnachtsmanns, fliegen wie Peter Pan. Und da sehe ich mich auch schon, wie ich den kindlichen König von Nimmerland ficke, während er samt seiner grünen Strumpfhose breitbeinig auf einem Rentierbock sitzt, aber diese zweite Vision ersticke ich sofort wieder.

Beim Essen werde ich dem Schwan nur von meiner Vision mit der Fliege erzählen. Er wird von seinen mundgerechten Fischhäppchen aufblicken, mich ansehen und sagen, dass er mich versteht und eine tiefe Verbindung zwischen uns fühlt. Bestimmt hat auch er eine furchtbare Trennung hinter sich und ist jetzt bereit für eine neue Liebe, nachdem er im Zölibat endlich seinen inneren Frieden wiedergefunden hat. Wir sind uns so verdammt ähnlich, der Schwan und ich.

Es sind noch ein paar Stunden Zeit bis zu unserer Verabredung, also werde ich mir einen Zombiefilm ansehen. Horror beruhigt mich immer.

Die ländliche Kleinstadt in Ohio, aus der sie sich mit letzter Kraft gerettet haben, ist soeben in Flammen aufgegangen. Jetzt sitzen unsere hübschen Helden allein in einem Diner. Beide sind gezeichnet von dem, was sie hinter sich haben – will sagen, sie sehen umwerfend aus. In den Gesichtern ein paar blassrosa Schrammen, künden die kunstgerecht mit Schlamm verschmierten Karohemden von dem harten Kampf, den das junge Ehepaar hinter sich hat. In den letzten zehn Minuten haben unsere Stars ein volles Dutzend Zombies erledigt. Nun gut, richtige Zombies waren es nicht. Die Kreaturen, die sie getötet haben, waren Bauern, die sich mit einer im Regierungsauftrag hergestellten Chemikalie infiziert hatten. Hätten sie halt kein Leitungswasser getrunken! Die Substanz machte aus den netten Farmern gemeingefährliche Wahnsinnige. Unser hübsches Paar trinkt ausschließlich Sprudel, und entging so der Zombifizierung.

Zu Beginn des Films haben sich der schöne Mann und seine Ehefrau ständig gestritten. Aber durch den Untergang ihrer Stadt und den Kampf gegen die Zombies haben sie wieder zueinander gefunden, und gleich werden sie sich küssen. Deshalb sehen sie die geifernde Zombiedame nicht, die sich im Hintergrund mit einer Kettensäge nähert.

Ich denke an Ben und weine. Wären wir doch auch in eine wunderbare Katastrophe geraten. Dann hätten wir einander vielleicht die Wahrheit gesagt, hätten erkannt, dass es auch für uns eine gemeinsame Zukunft gibt, und uns schließlich lang und liebevoll geküsst, wie das Paar auf der Leinwand. Ben liebte Diners. Der grauenvolle Anblick eines blutigen, abgesägten Zombiefingers, der durchs Bild fliegt, reißt mich aus meinen Gedanken. Was ich hier mache, ist falsch. Ich sollte an den Schwanenmann denken, anstatt Ben nachzutrauern.

Das Kino ist so gut wie ausgestorben. Zwei Reihen vor mir sitzt ein korpulenter, fast kahler Businesstyp, der einen billigen Anzug trägt. Er legt seinen Kopf auf die Schulter seiner klitzekleinen asiatischen Freundin neben ihm. An ihren winzigen Körper gelehnt, wirkt auch sein massiger Leib zerbrechlich. Ich fange wieder zu weinen an und drücke mir die Hand auf den Mund, um das Schluchzen zu ersticken.

Die Zombiedame ist durch eine der Scheiben des Diners gehechtet und hat so den Kuss des Heldenpärchens unterbrochen. Sie kaut an dem Arm des gut aussehendes Mannes herum, während die Frau vor Entsetzen aufschreit und nach einem Steakmesser greift.

Ich glaube, Menschen brauchen einfach jemanden, den sie lieben. Der Rest des Films ist ziemlich dämlich. Ich sehe auf meinem stummgeschalteten iPhone nach, ob Ben zurückgerufen hat. Keine verpassten Anrufe. Ich werde dem Schwan von diesem Film und meinen Reflexionen über die Liebe erzählen. Sicherlich wird er mich verstehen. Ich bin froh und voller Hoffnung. Wahrscheinlich erlebe ich gerade das, was Oprah einmal »spirituelles Erwachen« genannt hat – in einer Sendung über fette Frauen, die ihre Midlife-Crisis überstanden hatten.

Auf der Leinwand hat die Ehefrau das Steakmesser mehrfach in den wabbeligen Nacken der Zombiedame gerammt. Die Zombiefrau stürzt zu Boden, und aus ihrem Mund strömt Schaum, was ein gutes Zeichen ist.

Nach dem Abspann wird die Leinwand schwarz, und ich sitze noch eine Weile einsam in dem leeren Kinosaal. Ein Angestellter kommt rein, um aufzuräumen, macht aber kehrt, als er mich entdeckt. Ich wünschte, er wäre geblieben, hätte seine Arbeit gemacht und mich hinaus ins Leben geschickt, anstatt mich mit mir allein zu lassen. Er hätte winken oder Hallo sagen oder irgendetwas anderes Freundliches tun sollen.

Arschloch.

Das Sushi-Restaurant im East Village ist schummrig und leer. Eine spindeldürre, lebhafte asiatische Kellnerin in Leggings, pinkem Spitzentop und Nikolausmütze lächelt mir ausdauernd zu, als wäre sie ein Roboter aus einem Anime. Ich sitze allein auf einer schmalen roten Lederbank, und direkt vor mir wölbt sich der Bauch einer drei Meter hohen, goldenen Buddha-Statue. Von da, wo ich sitze, sieht es aus, als hätte Buddha zwischen seinen gemeißelten Speckrollen keinen Penis. Dürfen Propheten derart korpulent sein?

Auf dem Bürgersteig eilen Leute vorbei und tänzeln durch das Schneegestöber. In einem Schaufenster auf der anderen Straßenseite hängt eine riesige, aus roten Lichterketten geformte Schleife. Der Schwan ist zehn Minuten zu spät, was irgendwie Klasse hat. Ich war eine Viertelstunde zu früh da, was mir jetzt ein bisschen traurig vorkommt. Ganz langsam nippe ich an meiner Diätcola. Ich beschließe, dass die Kellnerin ein Zombie sein könnte. Asiaten habe ich noch nie getraut. Ich bin eben ein ignorantes Arschloch.

Als ich aufblicke, entdecke ich vor dem Fenster zwei junge Mädchen, die hineinstarren, mit dem Finger auf etwas zeigen und lachen. Ich spüre, wie mein Gesicht entgleist und sich in eine unförmige Masse aus Scham und Verzweiflung verwandelt. Die Frauen sind weißblond und haben die Arme untergehakt. Beide tragen schwarze Pelzmützen, auf denen sich kleine Tupfen aus strahlend weißem Schnee sammeln. Sie umarmen sich, lachen und zeigen wieder in meine Richtung. Hätte ich ein Gewehr, würde ich sie erschießen. Wie die Heldin im Film, die haufenweise Zombies erschossen hat.

Sie klopfen ans Fenster und winken. Allmählich wird mir klar, dass sie die knochige Kellnerin meinen, die hinten bei der fettleibigen Buddha-Statue steht. Ich bestelle noch eine Diätcola. Schneeflocken wehen gegen die Scheiben. Mein iPhone klingelt, und ich bekomme plötzlich Angst, dass es Ben sein könnte. Einen grauenvollen Moment lang schäme ich mich für das, was ich gerade tue. Es ist der Schwan.

Eine Gruppe von sechs ziemlich ausladenden, tiefschwarzen Frauen kommt herein. Sie debattieren, wo sie sich hinsetzen wollen. Die Stimme des Schwanenmanns klingt sanft, aber gehetzt.

»Ich stecke noch in einem Fotoshooting. Würde es dir was ausmachen, hierherzukommen?«. Er spricht langsam. Dann folgt ein langes, zartes Seufzen.

Der Wind peitscht gegen die Fenster. Die zwei fröhlichen Mädchen mit den schwarzen Pelzmützen sind mittlerweile weitergegangen, die schwarzen Frauen diskutieren lautstark. Die spindeldürre Kellnerin sieht aus, als würde sie gleich anfangen zu heulen. Schnell notiere ich mir die Adresse vom Studio des Schwans – es liegt in einem Szeneviertel in Downtown, im Meatpacking District. Als ich meine Getränke bezahle und das Restaurant verlasse, bin ich aufgeregt und nervös – ob vor Freude oder aus Angst, kann ich nicht sagen.

Eigentlich weiß ich nichts über den Schwanenmann. Ich entdecke ein Klingelschild, auf dem »Studio X« steht, und mir geht durch den Kopf, dass er reich sein muss. Auf dem Weg nach oben geistern mir bonbonfarbene Schnappschüsse durch den Kopf: Der Schwan lächelt und pustet Kerzen auf einer Geburtstagstorte aus, und neben ihm stehe ich; der Schwan auf der Afrikareise zu unserem fünften Jahrestag, er sitzt in khakifarbenen Shorts auf einem Elefanten; wieder der Schwan, Kamera in der einen Hand, mit der anderen winkt er mir zu.

Als ich den Treppenabsatz erreiche, beginnen die imaginären Schnappschüsse, sich zu überlagern, sie verschwimmen und verschmelzen mit anderen Bildern. Auf manchen tauchen Ben oder mein Vater auf. Ich hätte darauf bestehen sollen, dass der Schwan sich an unsere Abmachung hält und ins Restaurant kommt – dort wäre ich selbstbewusst genug und bereit gewesen, ihm von mir und den letzten vier Tagen zu erzählen. Die Tür steht einen Spaltbreit offen.

Das Fotostudio ist ein aufwendig renoviertes Industrieloft. Die Mauern sind aus Ziegelstein, und in die gegenüberliegende Wand sind vier deckenhohe Fenster eingelassen, die den Blick auf die Straße und eine verrostete ZaZa-Meats-Reklame freigeben. Es gibt weder Jalousien noch Vorhänge. An einigen hohen Pfeilern sind riesige, brutal aussehende Scheinwerfer befestigt. Neben dem Eingang stehen eine viktorianische Chaiselongue und ein kleiner Tisch. Auf dem Tisch steht ein schöner Kristallkrug.

Einige Meter vor mir bewegt sich etwas, das ich bis dahin für eine Statue gehalten hatte. Es ist ein Mann, dessen ganzer Körper mit einem weißlichen Puder bedeckt ist. Seine Hände sind über dem Kopf gefesselt, er hängt an einem Flaschenzug. Er steht mit dem Rücken zu mir, ich kann das Spiel seiner Rückenmuskeln verfolgen. Sein praller Arsch wirkt, als sei er aus Granit. Wie hypnotisiert starre ich ihn an. Ich bin erregt. Diesmal denke ich nicht an die Heilige Agnes, sondern an den Heiligen Sebastian, dessen Martyrium darin bestand, dass er aufgehängt und mit Pfeilen durchbohrt wurde. Ich laufe zu dem Granitmann, um zu sehen, ob er Hilfe braucht. Dabei weiß ich natürlich, dass er ein Model ist. Das muss das Fotoshooting sein. Thema: »Die beeindruckenden Körper der griechischen Götter«. Ich will unbedingt, bevor der Schwan mich entdeckt, Gesicht und Schwanz des Granitmanns sehen. Schließlich bin ich im Zölibat und kurz davor, mich zu verlieben.

Als ich direkt hinter ihm stehe, spannt er seinen Arsch an. Er schaukelt hin und her, schafft es irgendwie, sich halb zu mir umzudrehen, und sieht mich an. Seine Augen zucken.

»Mach endlich«, sagt er, mit gepresster Stimme.

Ich höre ein Knipsen. Der Schwan. Er schießt Fotos. Mein harter Schwanz drängt gegen den Stoff meiner Hose. Ich bekomme es mit der Angst und wünsche mir, ich wäre im Restaurant geblieben. So wird mir der Schwan bestimmt nicht glauben, dass ich keusch gewesen bin. Die letzten Tage waren völlig umsonst. Mein Telefon klingelt. Es ist Ben. Ich schalte es aus, während der Schwan weiter Fotos schießt, Fotos von mir neben diesem weiß gepuderten Götzenbild.

Ich lasse den Anblick des Schwans auf mich wirken. Einerseits sieht er immer noch aus, wie ich ihn von unserem letzten Treffen in Erinnerung habe: groß, schlank und elegant. Nach wie vor sind seine Bewegungen vollkommen kontrolliert. Aber heute ist er unrasiert und trägt nichts außer einem Paar knapper Boxershorts. Er ist barfuß, seine dunklen Beinen zeigen hübsche, geringelte Härchen, und ich schwöre, aus seinen Mundwinkeln tropft Speichel. Mir fällt wieder der Zombiefilm ein. Vielleicht hat sich mein keuscher Schwan mit einer Chemikalie im Trinkwasser infiziert. Er geht zum Granitmann hinüber, der erneut seine Arschbacken anspannt.

»Fass ihn an«, fordert mich der Schwan auf.

Ich stelle mir vor, dass das nicht der Schwan ist, sondern sein böser Doppelgänger. Der echte liegt eingesperrt in einem Schrank, gefesselt und geknebelt. Unglücklicherweise macht mich dieses Gedankenspiel noch mehr an. Die vier Tage ohne Onanieren haben mir ziemlich zugesetzt.

»Wir können mit ihm machen, was wir wollen«, sagt der Schwan, während er weiter fotografiert und näher kommt. »Er mag das.«

Das kann alles nicht wahr sein. Das kann nicht mein Schwanenmann sein. Ich versuche zu begreifen, was hier gerade vorgeht, und um nicht den Verstand zu verlieren, male ich mir unser Treffen aus, wie es eigentlich hätte ablaufen sollen – doch mein Körper macht mir einen Strich durch die Rechnung.

Was ich will: Der Schwan trägt einen Anzug, sitzt in seinem Studio auf der sonnenüberfluteten Fensterbank und fragt mich, ob er meine Hand halten darf.

Was wirklich geschieht: Ich lege meine Hand auf den Granitarsch. Weißes Puder bleibt an meiner Handfläche kleben. Der Mann stöhnt auf.

»Schieb deinen Finger rein«, sagt der Schwan sanft.

Er steht jetzt neben mir und schießt noch mehr Bilder.

Zurück auf der Fensterbank: Der Schwanenmann erzählt mir von seiner Kindheit und wie es dazu kam, dass er keusch und allein lebt. Dann erzähle ich ihm, wie ich die Beziehung mit Ben versaut habe, und wir umarmen uns.

Was wirklich passiert: Der Granitmann schwingt hin und her, während meine Finger das saubere, feuchte Innere seines steinernen Arsches erkunden. Der Schwan küsst meinen Hals. Seine Bartstoppeln gleiten kratzend über meine Wange.

»Schon als wir uns das erste Mal getroffen haben, wusste ich, dass es dir gefallen würde«, höre ich die Stimme des Schwans an meinem Ohr. »Ich wollte dich überraschen. Dich entwaffnen. Es gefällt dir, oder etwa nicht?«

Den letzten Satz spricht er mit einer harten, drohenden Stimme. Die Fensterbank verschwindet, und stattdessen sehe ich wieder mein erstes Zusammentreffen mit dem Schwan von mir. Er hatte sehr wenig gesprochen und keinerlei Emotionen gezeigt. Mein Schwan existiert nur in meiner Fantasie. Der echte Schwan ist ein Fremder, den ich leichtsinnig in meine Wohnung gelassen habe. Ein Fremder, der Nacktaufnahmen von mir gemacht hat, kein Erlöser. Wahrscheinlich hat er nie einen Keuschheitsschwur abgelegt, und ich glaube, er ist auf Drogen. Die ganze Woche war ich wie besessen von einem Phantom, das mit der Wirklichkeit nichts zu tun hat.

Der Schwan reißt meine Hose runter und beginnt, meinen Schwanz zu lutschen. Ich drücke mein Gesicht in den schönen Arsch des Granitmanns und ergebe mich dem aufwallenden Verlangen, das all meine Unruhe, Angst und Traurigkeit in den Hintergrund drängt. Ich bin durchdrungen von Hass und Lust. Kurz vor dem Orgasmus schießt mir ein Film mit Joan Crawford durch den Kopf. Sie spielt eine Hure, ein zweitklassiger Schauspieler einen Pfarrer, der sie bekehren will. In der letzten Szene sieht man sie, wie sie während eines Sturms in einer Hütte im Dschungel hocken. Sie weint und sehnt sich nach Erlösung. Schließlich kann der Pfarrer seine animalischen Triebe nicht länger zurückhalten und fickt sie. Das gibt ihr den Rest. Ich glaube, der Film heißt *Rain.*

Der Arsch des Granitmanns schmeckt nach Zimt. Ich spritze in den tiefen, dunklen, hässlichen Schlund des Schwans. Als er aufblickt und sich gierig über die feuchten Lippen leckt, sieht er wirklich aus wie ein schmutziger schwarzer Schwan.

Die letzten vier Tage bedeuten rein gar nichts.

Ich habe noch nie beim Radfahren geweint, aber jetzt kann ich gar nicht mehr aufhören zu heulen. Die Kälte brennt in meinen Augen, während ich in einem Affenzahn die Straße hinunterjage, bloß weg von dem Schwan und dem wahnsinnigen Granitarsch. Ich bin sauer, und meine Wut ist so groß, dass sie sich im furchtbaren, eisigen Wind in Tränen verwandelt, die durch meine zusammengekniffenen Lider drängen. Ich bin nicht traurig, nur leer und zerschlagen. Schneller als je zuvor rase und schlängle ich mich durch den Verkehr und presche über rote Ampeln. Autos hupen und zischen gefährlich nah an mir vorbei.

Ich fahre die West Side entlang zu Tante Flora. Es ist mir egal, für wen sie mich hält oder wie grausam sie damals zu meiner verstorbenen Mutter war. Ich will mich einfach nur wie eine Katze zu ihren Füßen zusammenrollen und schlafen. Sardinen auf Kräckern essen, während Lottie uns vorliest. Mich in ein Fass ihrer verwirrten Erinnerungen fallen lassen und alles vergessen. Ich kann jetzt einfach nicht nach Hause.

Vor Floras Apartmenthaus schließe ich mein Rad an, aber als ich die Lobby betrete, sitzt an der Rezeption ein mir unbekannter Schwarzer. Er ist unglaublich groß, hat einen riesigen Glatzkopf und einen ausladenden Bauch. Zwischen seinen fleischigen Fingern klemmt eine ungerauchte Zigarette. Hemd und Hose seiner Uniform sind ordentlich gebügelt. Der alte Portier – ein runzliger kleiner Kerl, der mich immer umstandslos durchwinkt – ist verschwunden. Neu ist auch der hohe Weihnachtsbaum an der Wand neben der Rezeption. Er ist grün und unecht und nackt. Ohne Lichterketten oder Weihnachtsschmuck sieht er aus, als hätte man ihn amputiert.

»Haben Sie die Lieferung?«, fragt mich der dicke schwarze Mann.

Wahrscheinlich hat er gesehen, wie ich mein Fahrrad abgestellt habe, und hält mich für einen Boten. Meine Besuche bei Tante Flora habe ich nie angekündigt, ich bin immer direkt nach oben gerauscht. Ich bin nicht sicher, wie so etwas üblicherweise abläuft, aber ich erkläre ihm, wer ich bin, und gebe ihm die Nummer von Floras Apartment.

»Diese Wohnung steht leer«, sagt er.

Um mich zu vergewissern, dass ich nicht im falschen Gebäude gelandet bin, schaue ich mich kurz um. Der Portier knabbert am Filter seiner ungerauchten Zigarette und starrt mich misstrauisch an.

»Könnten Sie vielleicht oben nachfragen? Ich war erst vor Kurzem bei ihr«, sage ich. Vielleicht ist er nur ein bisschen langsam und hat die Nummern der Wohnungen verwechselt.

»Sie sollten jetzt besser gehen«, sagt er.

»Ich werde ganz bestimmt nicht ...«

Er unterbricht mich, während er immer noch an seiner blöden Zigarette rumkaut.

»Was ist das an Ihren Händen?«, fragt er und lehnt sich über den Tisch, um mich genauer zu betrachten.

Meine Hände sind weiß von Granitstaub, über und über bedeckt mit diesem weißen Scheißzeug, dem das Model sein antikes Aussehen verdankte. Ich habe die Hände einer Leiche.

Der Mann lehnt sich noch weiter vor und grinst. Meine Verwirrung amüsiert ihn. Als sein fettes Gesicht immer näher kommt, wird es mir zu viel. Die Zügel, mit denen ich meinen Ärger im Zaum zu halten versuche, spannen sich gefährlich an.

»Hören Sie mir gut zu. Das da oben ist meine Tante, und sie ist sehr krank. Sie liegt im Sterben. Ich habe ihre Medikamente und werde jetzt zu ihr hochgehen«, erkläre ich.

Mein Tonfall ist ruhig und gleichmäßig. Angst und Wut brodeln in mir hoch, aber meine guten Manieren haben die Kontrolle zurückgewonnen. Es scheint, als hätten meine Worte ihre Wirkung nicht verfehlt. Der Portier wählt eine Nummer auf dem Haustelefon. Er nickt mit seinem riesigen schwarzen Kopf, blinzelt in meine Richtung, murmelt etwas und nickt dann noch einmal. Schließlich legt er auf.

»Sie ist oben. Mein Fehler«, sagt er.

Noch bevor ich zum Aufzug gehen kann, fährt er lautstark fort.

»Aber sie hat keine Ahnung, wer Sie sind. Hat noch nie von Ihnen gehört. Sie sollten sich jetzt verziehen«, sagt er und schlägt einen raueren Ton an, der ihn wie den Türsteher vor einer billigen Disco klingen lässt. »Oder willst du, dass ich deinen Arsch mit Gewalt nach draußen befördere?«

Auf der Straße jault eine Sirene vorbei, rote Lichter flackern über die Wände der Lobby und tauchen das riesige Gesicht des schwarzen Portiers in dunkles, scharlachrotes Licht. Während er noch dem vorbeifahrenden Krankenwagen hinterherschaut, drehe ich mich zur Seite und haste zum Fahrstuhl. Fieberhaft hämmere ich auf den Knopf, und plötzlich bin ich mitten in einem entsetzlichen Horrorfilm, auf der Flucht vor dem Psychopathen. Aber der Psychopath bin ich.

Er erwischt mich, packt mich mit seinen pummeligen Händen an den Schultern und zerrt mich hinaus auf den Bordstein. Er drückt mich zu Boden, und ich breche auf dem leeren Bürgersteig zusammen. Als er wieder reingeht, fange ich an zu schreien.

»Benny. Sagen Sie ihr, dass Benny da ist«, brülle ich mit schriller und verzweifelter Stimme.

Die Tür ist zugefallen, und eine gebrechliche alte Frau mit einem klapperdürren Hund kommt auf mich zu. Der Hund schnüffelt an mir herum, und die alte Frau lächelt, als wäre ich ein Kind, das von seinem Schlitten gefallen ist.

»Sag Hi, Mr. Muffin«, fordert sie ihn auf.

Sie trägt einen weißen Wollmantel und einen roten Schal von Hermès. Bevor sie weitergeht, leckt der Hund an meiner Wange. Von der warmen Lobby aus beobachtet der dicke schwarze Mann jede meiner Bewegungen. Ausgebrannt und völlig am Ende, lege ich mich rücklings auf den kalten Bürgersteig. Ich blicke nach oben, aber die Markise versperrt mir die Sicht auf die Sterne, die da oben am Himmel stehen müssen. Ich höre Autos vorbeifahren. Nach einer Weile stehe ich auf, hole mein Fahrrad und fahre los.

23. Dezember

Noch halb tot und betäubt von meinen nachmittäglichen Abenteuern, dem Erlebnis mit dem Granitarsch, den ich geleckt habe, dem Desaster mit Floras idiotischem Portier, surfe ich auf meinem iPhone in der Dunkelheit durchs Internet. Ich bleibe auf *Wikipedia* hängen, wo sich ein paar belanglose Informationen über Schwäne finden. Anscheinend war man lange der Überzeugung, dass es nur weiße gäbe. Bis dann im achtzehnten Jahrhundert in Australien schwarze entdeckt wurden. Und weil diese Entdeckung so unerwartet kam, nennt man angeblich auch heute noch unerwartete Ereignisse »schwarze Schwäne«. Gut zu wissen.

Im Augenblick sitzt es sich sehr bequem in meinem schwarzen Loch.

Ich weiß nicht genau, wann ich hineingerutscht bin, aber es wird wohl irgendwann im Laufe meines dreistündigen Bads passiert sein, das ich nach dem langen, entwürdigenden Fick mit dem betrügerischen Teufelsschwan genommen habe. Nennen wir ihn doch einfach »das Ding«.

Dieser elende Versager hat es nicht verdient, den Namen eines eleganten Vogels zu tragen. Ich male mir aus, wie »das Ding« an einem riesigen, unförmigen Granitschwanz erstickt. Seine Wangen blähen sich auf, seine Augen zerplatzen, seine Haut wird teerblau, und schließlich zerfällt er zu Staub. Die Vorstellung bringt mich zum Lachen.

Mein schwarzes Loch liebt Wut.

Vor Kurzem hätte ich mein schwarzes Loch nur anblinzeln müssen, und schon hätte ich mich Hals über Kopf in die Jagd nach einem Fick geflüchtet, um nur ja dem zerfledderten Rund, dem dunklen Schlund und den Klauen zu entkommen, die sich nach mir ausstrecken. Dieses Mal lasse ich mich sanft hineingleiten. Eine weiche Masse hüllt mich ein, schnürt mir die Luft ab und beruhigt meinen verfinsterten Geist. Der Schwanenmann war nichts als eine flüchtige Illusion, und es war idiotisch zu glauben, dass irgendetwas davon real war. Trotzdem hat mich die Sache mit dem Schwan unwiderruflich verändert. Mir wird klar, dass ich die Chance, Ben zurückzugewinnen, schon vor Monaten verspielt habe. Und dass ich vollkommen allein bin, und es für alle Zeit bleiben werde. Mit jeder Stunde, die ich über all das nachdenke, sinke ich tiefer in mein schwarzes Loch. Mich von allem loszusagen, alle Verbindungen zu kappen gibt mir merkwürdigerweise ein Gefühl der Stärke, und ich genieße es, wie sich mein Ärger langsam anstaut. Die Wut gibt mir die nötige Kraft, eine hemmungslose, weihnachtliche Sexorgie zu planen.

Zur Feier des Tages hänge ich für den dreiundzwanzigsten Dezember ein Kondom an den Adventskalender. Es sieht aus wie ein kleiner Geschenkbeutel, der darauf wartet, mit Spielzeug gefüllt zu werden.

Ich lasse mir die Männer durch den Kopf gehen, die ich in der letzten Zeit gefickt habe, und überlege, wen davon ich in meine Wohnung lotsen könnte. Ich sollte mit dem allezeit bereiten Pig beginnen und setze ihn ganz oben auf die Liste. Er hat mir noch nie abgesagt. Am besten wäre es, wenn die Orgie ein paar Tage gehen würde. Dutzende Männer sollen mitmachen, und ich will, dass dabei all meine wütenden, abstoßenden Seiten zum Vorschein kommen, Seiten, die noch nicht einmal ich selbst an mir kenne. Die Vorstellung ist erregend und gibt mir die Kraft, mich im Bett aufzusetzen. Ich schreibe Pig.

»Zeit?«

Die Antwort kommt sofort: »Ja, Sir. Wann?«

Ich bin froh, dass meine verdorbene kleine Drecksau mit von der Partie ist. Dieses ausschweifende Spektakel wird er niemals vergessen. Ein Gefühl von Macht steigt in mir auf, als würden bösartige Energieblitze durch mein Rückgrat zucken. Ich habe ein Ziel. Ich bin der sexgeladene Antichrist. Moment, das ist vielleicht zu viel des Guten. Sagen wir einfach, ich werde am Altar der Perversion beten.

Ben hat zweimal angerufen. Die Sprachnachrichten werde ich mir nicht anhören. Ich kann nicht riskieren, von den Resten verirrter Emotionen übermannt zu werden. Ich bin gefühlskalt wie Joan Crawford als Hure in *Rain*, die am Ende verloren und allein zurückbleibt.

Im Spiegel treten meine Rippen hervor, was großartig wäre, wenn es nicht bedeuten würde, dass meine Brustmuskeln durch den Mangel an Training und Nahrung flacher geworden sind. Das mit dem Essen ist mir egal, aber meine Titten sind mein Aushängeschild. Nach drei Runden Liegestützen sehen sie wieder etwas ansprechender aus.

Je näher Weihnachten rückt, desto verzweifelter und zwielichtiger werden die Männer, die in den Weiten der Stadt nach Sex suchen. Es werden Scharen namenloser Männer unterwegs sein, Männer, die allein leben oder jüdisch sind oder aus anderen Gründen mit den Festtagen nichts anfangen können. Diese Männer werden in den nächsten Tagen sehr viel Freizeit haben und bereit sein, alle erdenklichen schmutzigen Sachen zu machen. Es werden Anwälte und Ärzte und Müllmänner und Chefköche und Lehrer und Drogenabhängige und Schauspieler und Wachleute sein. Und ich will sie alle treffen.

Ich habe mich in meinem schwarzen Loch mittlerweile ganz gut eingerichtet. Es ist hübsch hier drinnen, und das Schönste ist, dass es hier keine Regeln gibt. Jedenfalls bin ich entschlossen, mich an keine zu halten. Ich bin eiskalt. Rücksichtslos. Unsafe. »Ich soll in eine Tasse pissen und es dir in den Mund kippen? Sicher!« – »Ohne Gummi ficken? Natürlich!« – »Eine verrottete Gurke in deinen Arsch schieben? Kein Problem!« – »Deinen halb zurückgebliebenen, hinterwäldlerischen Hetero-Cousin vergewaltigen? Nichts lieber als das!«

Ich habe kein Gewissen mehr. Es ist irgendwo in all dem Dreck verlorengegangen.

Es geht los mit Pig, der jetzt auf dem Weg zu mir ist. Ich werde eine glühende Zigarette zwischen seine fetten Arschbacken drücken, bis er schreit. Ihm wird das wahrscheinlich gefallen.

Draufgänger, der ich bin, grinse ich in meinen großen Ikea-Spiegel. Ich muss ein paar Nacktfotos schießen, damit ich sie auf *Manhunt* und *Grindr* hochladen kann, also entspanne ich mein Gesicht und gebe ihm dann ein wütendes Aussehen. Ich fotografiere mich niemals, während ich lächle. Das ist der reinste Lustkiller. Ich setze meinen besten mürrischen Blick auf und schieße noch ein paar mehr Bilder, dann drehe ich mich um und versuche ungeschickt, ein brauchbares Foto von meinem Arsch zu machen. Für die Hotline habe ich einen Vierundzwanzig-Stunden-Feriengutschein mit unbegrenztem Zugang gekauft. Ich kann anrufen, sooft ich will, ohne Einschränkungen. Das WLAN meiner Nachbarn funktioniert einwandfrei. Auf den Sexwebseiten habe ich meine Headline in »Kommt zu meiner Gang-Bang-Party« geändert.

Für den Fall, dass ich eine Gruppe zusammenbekomme und wir uns über den Boden wälzen wollen wie unzüchtige Elfen, fege ich und wische mit einem Swiffer nach. Ich mag keine Wollmäuse im Arsch. Dann wechsle ich die Bettlaken und verstaue meine Daunendecke im Schrank, damit sie nicht schmutzig wird. Ich lasse beide Ventilatoren laufen, um eine beruhigende, höhlenartige Atmosphäre zu schaffen. Schummriges Licht fällt aus dem Badezimmer, die Fackel eines einsamen Forschers, verloren in Katakomben tief unter der Erde. Ich bin bereit.

»Fröhliche Weihnachten, Arschloch«, sage ich zu meinem Spiegelbild.

Die Klingel schrillt. Pig ist pünktlich.

Ich stecke mir eine Zigarette an.

24. Dezember

Es ist nach Mitternacht, und mir gehen die drei Geister durch den Kopf, die Scrooge heimsuchen, und die drei Könige, die durch die Nacht marschieren, um dem Christkind Gold, Weihrauch und Myrrhe zu bringen. Drei ist eine gute Zahl, um diese Feiertagsorgie so richtig in Gang zu bringen. Pig ist da, und ein College-Bengel ist auf dem Weg.

Während wir auf den neuen Typen warten, google ich nach Wissenswertem über Weihnachten. Das ganze Dickens- und Jesus-Zeug kann man natürlich vergessen. Immerhin erfahre ich, dass im Dezember auch der »Internationale Tag gegen Gewalt an SexarbeiterInnen« begangen wird. Während ich mir noch auszumalen versuche, was wohl mit Gewalt gegen Sexarbeiter gemeint ist, bringt sich Pig vor mir in Stellung und spreizt seine massigen blassen Arschbacken. Die Stellen, auf denen ich gleich nach seiner Ankunft meine Zigarette ausgedrückt habe, leuchten rot und blinken wie Weihnachtsschmuck. Ich stehe auf und hänge für den Vierundzwanzigsten eine kleine rote Filzschleife an den Adventskalender. Am liebsten würde ich rausgehen und einen kleinen Baum kaufen, aber ich weiß nicht, ob ich Pig allein in meiner Wohnung lassen kann. Außerdem will er unbedingt von mir gefickt werden, damit mein Schwanz an den Brandwunden reibt und die Schmerzen zurückkommen. So langsam hat es Pig wirklich nötig.

Die Klingel schrillt erneut und bewahrt mich vor dem fetten Hintern meines fröhlichen Schweinchens.

Meine Gang-Bang-Headline auf *Grindr* ist ein voller Erfolg; es sind schon einige notgeile Kerle »auf dem Weg«. Aber dieser schlanke kleine schwarze Bengel wohnt nur ein paar Blocks entfernt und hat mich gefragt, ob er für einen Quickie vorbeikommen darf.

Während ich durch den Spion blicke, geht mir durch den Kopf, dass ich jetzt genauso gut an der Tür stehen könnte, um Freunde zu Heiligabend zu begrüßen und dann Weihnachtslieder zu singen, Eierpunsch zu trinken und Geschenke auszutauschen. Wenn ich nicht der wäre, der ich bin, sondern in einer Beziehung und normal. Eine Erinnerung an meine Eltern und an Socken über dem Kamin versucht, sich in mein Bewusstsein zu schleichen, aber es gelingt mir, sie zu verscheuchen und mich wieder auf die Schritte im Treppenhaus zu konzentrieren – was da die Treppe hochgetrippelt kommt, sind Abendschuhe. Pig hat sich zu einem kurzen Nickerchen auf den Bauch gerollt. Er sieht so niedlich aus, dass ich ihm gerne wehtun würde, aber dafür ist jetzt keine Zeit.

Der junge Schwarze kommt zur Tür herein, und als er sich umsieht, weiten sich seine verschlafenen Augen vor Schreck. Ich fasse in seinen aufgeregten Schritt und schließe die Tür.

Bisher habe ich nur selten behaarte Schwarze gesehen, also lasse ich meine Hand eine zeitlang auf seinem kleinen runden Arsch ruhen, der mit niedlichen Härchen übersät ist. Er sagt, er sei zwanzig und von einer Familienfeier an der Upper East Side verschwunden, um Zigaretten für seine Tante Sherri zu holen. Ich glaube ihm. Er hat riesige Kulleraugen, sein Mund ist breit wie der eines Clowns, sein Körper unglaublich schlank, gut in Form und überall mit diesen seltsamen, gekringelten dunklen Haaren bedeckt. Sein Schwanz ist gigantisch.

Er besteht darauf, dass wir uns einen Internetporno ansehen. Weder küsst er mich noch schaut er mich an. Er ist wie hypnotisiert von *Park it in the Rear*: Fünf Männer treiben es heftig in einem Parkhaus und benutzen angeblich Motoröl als Gleitmittel, was mir vollkommen unglaubwürdig vorkommt. Ständig wiederholt er: »Das ist so was von geil, so was von geil, so was von geil.« Ich weiß, dass er abspritzen wird, sobald ich seine Eier auch nur angucke, also warte ich ab.

Schließlich dreht er sich stöhnend zu mir und greift sich meinen Schwanz. Pig sieht uns zu. Es ist schon ziemlich lange her, seit ich seinen Arsch angekokelt habe. Und ich merke, wie sich in mir langsam ein quälendes Bedürfnis nach Gewalt aufstaut. Ich glaube, das letzte Treffen mit »dem Ding« und diese grauenhaften Erinnerungen an Ben haben mich ziemlich aus der Bahn geworfen. Irgendwie macht mich das an, diese neue Vorliebe für Gewalt, die da in mir erwacht ist. Aber immer wieder kommen mir meine eigenen, mit Weihnachtsschmuck behängten Erinnerungen in die Quere, und plötzlich verspüre ich dann das Bedürfnis, Plätzchen zu backen und einen Mistelzweig aufzuhängen.

Während ich den Nacken des schwarzen Typen küsse und Pig meinen Rücken streichelt, denke ich darüber nach, was die beiden wohl von Schokoladenkeksen halten würden – oder davon, beim Ficken »Stille Nacht« zu singen. Außerdem frage ich mich, ob mir diese Orgie hinreichend Selbstverachtung schenken wird, um alledem ein Ende zu machen. Ich könnte die Vicodin-Tabletten zerstampfen, unter den Plätzchenteig mischen und mich regelrecht zu Tode essen.

Pig lehnt sich ganz nah an mich heran, also drehe ich mich um und spucke ihm ins Gesicht. Ein dicker Tropfen landet knapp unter seinem Auge und rutscht langsam seine Wange herab, wie eine seidige Träne. Ich würde ihn gerne schlagen.

Der schwarze Bengel versucht, meinen harten Schwanz in seinen Arsch zu schieben.

»Ich will ihn spüren, komm schon«, sagt er atemlos.

Er hat mir geschrieben, er sei negativ, genau wie ich, aber das besagt überhaupt nichts, bei Fickbekanntschaften. Flunkern gehört dazu.

Bare fickt nur, wer selbstmörderisch veranlagt oder auf Drogen ist – oder HIV-positiv, und sich einen Dreck drum schert. Als Top ist es für mich weniger gefährlich, ihn ohne Gummi zu ficken, aber tun sollte man es trotzdem nicht. Ben habe ich in den sechs Monaten, die wir zusammen waren, niemals bare gefickt. Der schwarze Bengel wird langsam ungeduldig und versucht, das Ruder an sich zu reißen.

Bevor wir weitermachen, will ich sein Gesicht sehen und ihn küssen. Er hat sein enges kleines Loch bereits über meine Eichel gestülpt. Ich fühle mich verdorbener denn je, was mich ziemlich anmacht. Pig knabbert an meinem Ohr, und mir geht dieses Lied durch den Kopf, in dem der Weihnachtsmann herausfindet, wer artig war und wer nicht. Dann ziehe ich das Gesicht des schwarzen Typen mit Gewalt an mich heran. Er wehrt sich tapfer und wimmert wie ein kleines Kind. Ich zwinge ihn, mich zu küssen, und drücke seine Wangen so fest zusammen, dass sicher Abdrücke zurückbleiben. Er hält die Augen geschlossen.

»Hey!«, herrsche ich ihn an.

Er reißt die Augen auf. Sie sind glasig wie die einer Puppe. Mein Bengel hat diesen leeren Blick, den ich bei Fickdates schon oft gesehen habe – das dringende Verlangen, es noch härter zu treiben, bis das Hirn heiß läuft, sich ausschaltet und nichts als ein taubes Gefühl zurückbleibt. Ich weiß, dass es jetzt ebenso gut ein Roboter sein könnte, der ihn durchnimmt, dass ihm vollkommen gleichgültig ist, wer das ist, der da seine Bedürfnisse befriedigt. Ich küsse ihn gierig, während er versucht, sich meinem Griff zu entwinden. Es macht mich wahnsinnig scharf, gewaltsam in den Mund einer verwandten, ebenso verdorbenen Seele einzudringen. Gleichzeitig schiebe ich meinen Schwanz tiefer in sein bebendes Loch, und es fühlt sich unglaublich gut an, sanft und geschmeidig, ohne Widerstand gleite ich hinein, habe plötzlich meinen Vater vor Augen, wie er an Heiligabend Schlittschuh läuft, während mein ganzer Körper vor Erregung zittert, und ich beiße dem schwarzen Jungen auf die Zunge, als er einen Namen herausschreit, der nicht meiner ist.

Wir lungern zu fünft auf meinem blaugeblümten Tanglewood-Teppich von JC Penney herum. Die beiden mit Stoff überzogenen Barhocker habe ich an den Rand des Zimmers geschoben, damit wir mehr Platz haben, das Schlafsofa ist eingeklappt. Die Jalousien sind so eingestellt, dass man durch die Schlitze das Schneegestöber und den anbrechenden Morgen sehen kann.

Der Jude hat ein Pferdegesicht, aber schöne Lippen, er ist unter dreißig und hat einen wahnsinnig dicken Schwanz. Anscheinend ist er glücklich, hier zu sein, und bereit, so ziemlich alles zu tun. Ein dunkelhäutiger südländischer Typ mit brauchbarem Körper liegt flach auf dem Boden und reckt seinen Arsch in die Höhe. Er gibt keinen Laut von sich, vielleicht ist er eingeschlafen. Unser jüngster ist eindeutig auf Drogen und spindeldürr, aber auf diese jugendlich-sehnige Art. Sein Bauch fühlt sich hart wie Granit an. Er ist Puerto Ricaner und der eher unzugängliche Typ, ausgesprochen herrisch.

Und natürlich ist auch Pig noch da, ein Einrichtungsstück, an das ich mich inzwischen gewöhnt habe. Eine Zeitlang hat er sich auf alle viere gekniet, damit ich ihn als Hocker benutzen konnte. Ich weiß, dass er bis zum Schluss bei mir bleiben wird. Gerade haben wir eine kurze Pause gemacht. Der junge, zugedröhnte Kerl steht auf und bringt die Sache wieder ins Rollen.

»Fick ihn, schieb ihn ganz tief rein – für mich«, sagt der Puerto Ricaner zum Juden, der aufs Wort gehorcht, aufsteht und anfängt, den stummen Südländer auf dem Boden mit schnellen Stößen durchzunehmen.

Der Anblick scheint auch den Puerto Ricaner aufzumuntern. Er packt mich und schiebt mir grob seine Zunge in den Mund. Ich fühle seine scharfkantigen Zähne und schmecke irgendetwas Süßes, was mich wieder an Schokokekse denken lässt. Sein Mund streckt und öffnet sich so weit, als wolle er mich samt Nase und Wangen verschlingen. Gierig saugt er meinen Atem ein und gibt dabei merkwürdige, halb tierische Geräusche von sich. Aus dem Augenwinkel sehe ich, wie der Jude den Südländer fickt. In gleichmäßigem Rhythmus schnellt er auf meinem Teppich auf und ab.

Einerseits erregt mich das, andererseits muss ich daran denken, dass ich vielleicht eine Plane hätte auslegen sollen. Der Teppich war teuer, und ich glaube, Spermaflecken wären seiner stilvollen Anmutung nicht zuträglich. Quer durch den Raum kommt Pig auf uns zugekrochen.

Meinen Hinterkopf fest im Griff und seinen großen, fischartigen Mund über mein Gesicht gestülpt, packt mich der Puerto Ricaner und zieht mich zu dem Pärchen auf dem Boden. Er macht winzige Schritte wie eine Geisha mit abgeschnürten Füßen. Weil mein Magen knurrt, fällt mir ein, dass ich schon eine ganze Weile nichts mehr gegessen habe.

Der Puerto Ricaner hält mich immer noch fest umschlungen, stellt sich mit gespreizten Beinen über den Rücken des Juden, und dann gehen wir gleichzeitig in die Knie, sodass er weiter in meinem Mund herumfuhrwerken kann, während ich meinen Schwanz in den Arsch des Juden manövriere. Alle sind – angeblich – negativ, und nachdem ich den Hintern dieses dämlichen schwarzen Bengels durchgepflügt hatte, habe ich den Gedanken an Kondome aufgegeben. Ist man einmal drin im »Geht mir am Arsch vorbei«-Sumpf, ist es schwer, sich wieder herauszuziehen. Ich weiß schon, dass das alles für mich ein ziemlich hässliches Ende nehmen kann. Aber austoben sollte ich mich dann erst recht.

Benommen schnappe ich nach Luft, und beim Zustoßen denke ich daran, dass Jesus Jude war, und ich frage mich, ob ihn irgendwann mal jemand gefickt hat – zum Beispiel einer der sadistischen Wachleute, die ihn auspeitschten, während er dieses furchtbare Kreuz schleppte. Ich bin ununterbrochen in Bewegung, und wir fallen alle vier in einen gleichmäßigen Rhythmus, als mir erneut durch den Kopf geht, welche schrecklichen Dinge sie Jesus angetan haben, bevor er starb. Natürlich hat er es ihnen heimgezahlt, indem er von den Toten auferstand. Ich stelle mir vor, wie er den Leuten, die sein Verderben feiern, einen Mordsschrecken einjagt. Ich mag Jesus.

Ich frage mich, ob meine Einzimmerwohnung groß genug für zwölf wäre und wir hier eine Gang-Bang-Party zum Thema

»Letztes Abendmahl« feiern könnten. Aber vielleicht sollte ich mir das für Ostern aufheben.

Der Jude schreit seine Lust jetzt laut heraus. Seine Stimme schnellt eine Oktave nach oben, dann lacht er wie ein Gepardenweibchen. So kurz vor Weihnachten ist kaum noch ein Mieter im Haus, also können wir so viel Krach machen, wie wir wollen. Der Jude hört sich an, als sei er kurz vor der Ekstase. Ich muss seine Prostata erwischt haben.

Perfekt aufeinander abgestimmt, spritzen wir alle vier gleichzeitig ab. Das lange Proben hat sich gelohnt. Vor meinen geschlossenen Augen taucht schemenhaft mein kleiner Trommler mit dem feuchten Arsch auf. Das Bild tanzt auf und ab, und daneben sehe ich das ebenmäßige Gesicht meines Freundes Jesus, aus dessen vergnügten Augen blutige Tränen kullern. Außerdem sehe ich flüchtig einen hübschen Mann – wahrscheinlich den Heiligen Sebastian – und eine Frau in einer rot-grün gemusterten Schürze, die ein Blech mit Plätzchen vor sich herträgt. Dann verschieße ich die letzte Ladung meiner Weihnachtsorgie in den blanken Arsch des Juden. Pig liegt auf dem Rücken, alle Viere in die Luft gestreckt, und wartet darauf, dass ihm jemand seinen weichen Bauch streichelt.

Im Zimmer wird es still. Wenn ich gekommen bin, holen mich sofort meine düsteren Gedanken ein. Ich kaue auf der Innenseite meiner Wange herum und stelle mir vor, es sei ein lilafarbener Nippel, der am Rand meines Lochs wächst. Wenn ich mir je etwas antue, dann wahrscheinlich kurz nach einem Orgasmus. Immer noch hungrig, starre ich Pig an und lasse meinen Fantasien freien Lauf. Er liegt auf einem großen Tablett, mit einem Apfel im Mund, während ein scharfes Messer seinen Körper der Länge nach aufschlitzt. Diese unfassbar grausamen Gedanken, die ich neuerdings habe. Aber sie schaden ja niemandem. Mit der Wirklichkeit hat das nichts zu tun. Mir fällt der zeitlose Roman *Herr der Fliegen* ein. Ich bin mir ziemlich sicher, dass es darin eine Figur namens Piggy gibt. Wenn ich mich recht entsinne, wird er umgebracht.

Ich frage mich ernsthaft, ob ich jemanden töten könnte – abgesehen von mir selbst, denn das zählt nicht.

Als ich wieder zu mir komme, liegen die vier Männer apathisch auf dem Boden, und einen Moment lang glaube ich, sie wären tot. Ihr Schnarchen belehrt mich eines Besseren. Wie es wohl wäre, Pig eine Dose Sprühfett in den Arsch zu rammen, während er schläft. Ich könnte ihn auch damit einsprühen, als wäre es Gleitgel. Meine Gedanken an Sex, Gewalt und Plätzchen bilden immer noch ein heilloses Durcheinander.

Ich sehe fern, ohne Ton. Bugs Bunny tanzt, er trägt eine rote Perücke und Stöckelschuh. Dann trägt er Lippenstift auf.

Plötzlich springt der Puerto Ricaner auf und schreit: »Scheiße, er hat ihn mir reingesteckt!«

Er fasst sich an die Stirn, blinzelt ein paarmal – und bemerkt schließlich Bugs Bunny und mich. Es dauert ein bisschen, bis er wieder ganz bei sich ist. Noch ziemlich wackelig auf den Beinen, verlagert er das Gewicht von einem dürren Fuß auf den anderen. Sein großer, hübscher Schwanz wippt auf und ab. Schließlich stürmt er auf mich zu, fällt neben mir auf die Knie und drückt mir einen Kuss auf den Hals. Ich zappe weiter, zu einer Sendung mit einem tanzenden Schneemann. Er trägt einen Zylinder und führt singend ein paar Cartoonkinder eine weihnachtliche Straße hinunter. Das sieht alles wirklich niedlich aus, aber aus irgendeinem Grund, ich weiß nicht wieso, auch traurig. Ich würde gern mitsingen.

»Ich liebe ihn«, sagt der Puerto Ricaner. Ich vermute, er meint den Schneemann, bin mir aber nicht sicher.

Jamie ist ein Escort, und er wird der sechste Mann meiner Gang-Bang-Party sein. Während ich mit ihm auf *Manhunt* chatte, fällt mir ein, dass heute der »Tag gegen Gewalt an SexarbeiterInnen« ist. Ich erwähne es nicht.

Auf seinen Profilbildern sieht er aus, als sei er einem erotischen Kalender entsprungen: ein hochgewachsener, eingeölter, wohlgeformter Körper; quadratischer Kiefer; ein hübscher Bursche aus dem Mittleren Westen, der erst ein Wrestlingtrikot, dann einen Feuerwehrhelm, danach einen Tanga und schließlich schneeweiße Radlerhosen trägt. Trotz seiner umwerfenden Schönheit wirkt er etwas verloren. Am Telefon sagt er, ihm sei langweilig, er habe im Moment keine Kunden und sitze schon an seinem zweiten Becher Ben & Jerry's. Er lispelt ein bisschen. Ich bin mir sicher, dass er dumm und abgestumpft ist und sich sein Leben lang nutzlos gefühlt hat. Vermutlich ist er mit sechzehn weggelaufen und danach jahrelang misshandelt worden. Es macht mich ziemlich an, mir all die Männer vorzustellen, die so richtig mies mit ihm umgegangen sind. Ich wette, er wurde vergewaltigt, geschlagen, bis zur Bewusstlosigkeit geprügelt und mit einem Baseballschläger gefickt. Je länger diese Orgie dauert, desto extremer werden meine Gewaltfantasien. Pig zu verdreschen reicht einfach nicht mehr. Langsam verwandle ich mich in ein Arschloch der übelsten Sorte.

Als Jamie in unsere Gruppe platzt, trägt er einen rotblauen Ganzkörperanzug aus Elastan. Als wäre er Skispringer oder Eisschnellläufer. Oder unser Weihnachtssuperheld. Der ragende Vorsprung zwischen seinen Schenkeln wirkt wie ein azurblauer Berg. Hinten präsentieren sich uns zwei halbmondförmige Melonen. Wir werden alle wieder munter, bis auf den Südländer, der immer noch bäuchlings auf dem Boden liegt. Pig kichert vor sich hin, und ich frage mich, ob der Puerto Ricaner ihm Drogen verabreicht hat.

Der Puerto Ricaner und der Jude nehmen unseren Neuankömmling in ihre Mitte, und beide pressen ihre Lippen auf kühle, lavendelfarbene Wölbungen. Ich geselle mich dazu, küsse Jamie und schmecke die »Chunky Monkey«-Eiscreme, die er vorhin gegessen hat – Banane und Schokolade und eisige Konservierungsstoffe. Wir wirbeln um ihn herum, führen ihn durch die Wohnung, unsere Zungen erforschen seinen Körper. Er ist wie ein Traumbild, das unvermittelt vor uns erschienen ist, der Engel auf der Spitze unseres orgiastischen Christbaums. Als ich spüre, wie sich Jamies Kiefer anspannt, halte ich inne. Plötzlich taumelt er von mir weg, weg von uns allen, und übergibt sich. Ein gezielter Schwall ergießt sich über den Küchenboden, und ein Ausläufer der schmierigen, gelben Lache kriecht langsam auf den Südländer zu.

Ich verfrachte Jamie aufs Sofa, dann gehe ich eilig ins Bad, um ein Handtuch zu holen und die erbrochene Pfütze aufzuhalten, bevor sie meinen teuren Tanglewood-Teppich erreicht. Als ich zurückkomme, haben der Jude und der Puerto Ricaner rechts und links von Jamie Platz genommen und begonnen, ihm in wilder Erregung den Elastananzug vom Körper zu reißen. Er wehrt sich nicht, und niemand scheint den penetrant süßen, widerlichen Geruch der Bananenkotze wahrzunehmen. Die gelbe Flüssigkeit ist jetzt am Gesicht des Südländers angekommen und sammelt sich direkt unter seiner Nase. Ich stupse ihn mit dem Fuß an, und er dreht sich lächelnd und mit geschlossenen Augen um. Am liebsten würde ich fest zutreten, aber ich widerstehe der Versuchung. Ich gehe nackt auf alle viere und wische das gelbe Scheißzeug auf, bevor es meinen Teppich ruinieren kann, dann schmeiße ich das Handtuch vor die Kochnische und wende mich wieder Dingen zu, die mehr Spaß machen.

Jamie sitzt nackt auf dem Sofa, die Arme über dem Kopf und das Gesicht leicht zur Seite gedreht – so wie der Heilige Sebastian in meiner Vision –, und wartet darauf, dass die Penispfeile seine blasse, perfekte Haut durchbohren. Er ist wirklich ein Prachtstück. Es gefällt mir, dass er so schön und gleichzeitig so verkorkst ist. Ich krabble auf seinen Körper, aber es ist gar nicht so einfach, auf dem vollen Sofa Platz zu finden. Ineinander verschlungen, rollen wir runter auf den Tanglewood-Teppich.

Während Jamie es sich auf dem Bauch bequem macht und seinen Arsch in die Luft streckt, bringe ich mich in Position, um ihn zu besteigen. Der Puerto Ricaner gesellt sich zu mir, und der Jude hilft uns ein bisschen, indem er Jamies Arschbacken auseinanderzieht, damit wir ihm unsere Schwänze beide gleichzeitig reinschieben und unser Escortpony zusammen reiten können. Das hatte ich bei meiner Liste mit den Dingen, die ich noch tun will, bevor ich sterbe, einfach vergessen. Bisher habe ich so einen Doppelfick nur in Pornos gesehen, selbst erlebt noch nie.

Der Südländer und Pig kauern Arm in Arm neben uns und schauen zu. Fehlt nur, dass sie sich einen großen Eimer Popcorn teilen. Eigentlich sind sie ein hübsches Paar.

Wir haben unseren Fickrhythmus gefunden, und ich küsse den Puerto Ricaner, während uns beiden der Schweiß runterläuft. Unter den heftigen Stößen beginnt Jamies Körper auf- und abzufedern, und mein Blick streift flüchtig sein Gesicht, das auf den Boden gerichtet ist, Augen und Mund weit aufgerissen, als würde er versuchen, etwas zu sagen.

Als er laut aufstöhnt, wird mir trotz des vergnüglichen Ritts schlagartig bewusst, dass ich diesen Gesichtsausdruck kenne, diesen aufgerissenen Mund, dieses Erstarren, kurz vor einem Schrei, der nie kommt. Jamie ist zu Tode erschrocken. Ich sehe mein neunjähriges Ich vor mir, wie es damals im Zelt in die Kamera blickte, das Sperma des älteren Jungen auf seinem Bauch und die heißen Lichtblitze des Fotoapparats auf seinem Gesicht.

Für den Bruchteil einer Sekunde durchströmt mich ein brennendes Gefühl von Angst und Scham – als würden die Kufen eines Schlittschuhs durch meine Netzhaut schneiden. Ich bin kurz vorm Abspritzen, als Jamies trübe Augen auf meine, die Augen meines neunjährigen Ich treffen. Ich weiß jetzt, dass Jamie wie gelähmt von Angst und Panik ist und will, dass ich aufhöre. Doch spüre ich schon das Sperma, das auf seinem Weg ins Sexnirwana in meinem Schwanz aufsteigt, also ignoriere ich Jamies entsetztes Gesicht und lasse den Orgasmus die Kontrolle über meinen Körper übernehmen – bis dann doch die Reue die Oberhand gewinnt: Ich reiße meinen Schwanz aus seinem Arsch und stoße den Puerto Ricaner weg von diesem misshandelten Jungen, der nicht einmal mehr genug Luft hat, um »Halt!« zu schreien.

Aus meinem Schwanz, der sich, so kurz nach dem Orgasmus, immer noch rhythmisch öffnet und schließt, tropft Sperma. Ich fühle mich leicht fiebrig, als ich zu Jamie krieche, um ihn zu streicheln, und glaube einen durchgeknallten Augenblick lang, dass ich ihn über alles liebe. Dass er es sein könnte – der eine.

Seine Haut fühlt sich heiß an, und ich halte mein Ohr ganz nah an seinen Mund, damit er es sagen, es mir sagen kann. Und das tut er dann auch, fast jedenfalls.

»Warum hast du aufgehört?«, flüstert er.

So weit wie nur möglich, rolle ich mich von ihm weg. Mein schwarzes Loch legt sich um mich, und ich schlafe ein.

Ich habe mich mit der weißen Tagebuchschachtel und einer Packung Kaminstreichhölzern im Bad eingeschlossen. Der stumme Südländer ist mittlerweile gegangen, doch Pig, der Puerto Ricaner, Jamie und der Jude sind immer noch voll bei der Sache. Die Ben-Tagebücher liegen gestapelt in der Wanne, das Streichholz halte ich in der Hand, aber ich schaffe es nicht. Mein Plan, mich mit Ben zu versöhnen, hat sich aufgelöst, als diese Orgie begann. Trotzdem kann ich meine Vergangenheit nicht einfach verbrennen und zuschauen, wie sie langsam zu Asche zerfällt. Wenn ich das tue, ist es wirklich vorbei. Dann gibt es keine Hoffnung mehr, und diese Aussicht ist ziemlich deprimierend. Aber noch mal werde ich mit diesen Männern sowieso nicht schlafen. Es gibt keinen Grund, das Unvermeidliche länger hinauszuzögern.

Ich seufze und rufe Pig ins Badezimmer. Er ist mir eine echte Stütze.

Pig braucht keine Erklärungen, er kennt mich zu gut, mein kleines Schweinchen. Als er die Tagebücher und die Streichhölzer sieht, weiß er sofort, was zu tun ist. Allerdings entgleiten die Streichhölzer immer wieder seinen zitternden, verschwitzten Händen. Ich spüre das unbändige Verlangen, eins anzuzünden und Pigs Arsch noch mal anzukokeln. Aber das liegt nun alles hinter mir. Ich muss nach vorn schauen.

Beim vierten Versuch schafft Pig es endlich, ein Streichholz zu entzünden. Er lässt es in die Wanne fallen, aber es geht sofort wieder aus. Er ist vollkommen perplex, und das verschafft mir die

Gelegenheit, alles noch einmal zu überdenken. Ich sehe den Rand des pinken Notizbuchs mit dem grinsenden Schädel, und das Foto von Ben, das ich zu Silvester geschossen habe, schaut zwischen den Seiten hervor, starrt mich an. Es sieht aus, als würden seine Lippen versuchen, aus dem Tagebuch herauszukriechen, bevor es den Flammen zum Opfer fällt. Diese Lippen wollen mir etwas sagen, da bin ich mir sicher. Und dann mir wird klar: Die Tagebücher zu verbrennen, das ist, als würde ich Ben töten. Der Gedanke überwältigt mich, mir wird schwindelig, panische Angst packt mich, und ich weiß, dass das Ganze eine furchtbar schlechte Idee ist. Doch Pig hat mittlerweile den Bogen raus und beugt sich mit zwei brennenden Streichhölzern in der Hand vor, um Feuer an die Tagebücher zu legen, als bei mir alles aussetzt.

Was als Nächstes kommt, rollt im Bruchteil einer Sekunde vor meinem inneren Auge ab, bevor ich es tatsächlich tue. Ich ziehe Pig zurück, die brennenden Streichhölzer hält er immer noch in seiner Hand. Dann packe ich sein Handgelenk, drücke mit aller Kraft die Finger nach hinten, bis sie fast seinen Unterarm berühren und ein lautes Knacken ertönt. Die Streichhölzer gehen aus, und Pig schreit auf, unter unfassbaren Schmerzen. Seine Augen starren mich an, und mir fällt auf, dass er mich noch nie direkt angesehen hat. Er hat hübsche grüne Augen, sein Gesicht verzieht sich vor Entsetzen. Seine Hand hängt schlapp auf seinem Unterarm, baumelt an dem gebrochenen Gelenk.

Mir wird klar, dass ich das gerade tatsächlich getan habe. Das war kein Bild, das nur in meinem Kopf aufgeblitzt ist. Ich hab's wirklich getan.

Die anderen drei sind dazugekommen – der Jude, der Puerto Ricaner und Jamie –, und alle brüllen wild rum, während ich einen Schritt zurückgehe und mich auf den Toilettendeckel setze. Pig schreit immer noch, und die drei Männer, vor wenigen Minuten noch verkommene Sexmonster, haben sich in besorgte Krankenpfleger verwandelt. Sie schauen mich mit Blicken voller Hass und Verachtung an und bringen dann Pig ins andere Zimmer, damit sie sich anziehen und verschwinden können – wahrscheinlich zum Krankenhaus.

Seine Hand sieht wirklich furchtbar aus, und als sie gehen, muss ich an den Zombiefilm und all die abgerissenen und zermahlenen Körperteile denken. Verglichen damit ist das hier harmlos. Bestimmt haben sie den Film nicht gesehen, sonst würden sie aus einem einzigen zertrümmerten Handgelenk nicht so eine große Sache machen.

Ich bleibe allein zurück.

Qualm kommt aus dem Ofen – nachdem ich Pigs Handgelenk gebrochen hatte, wollte ich Kekse backen, um wieder etwas Normalität einkehren zu lassen, aber sie sind mir verkohlt. Ich werfe das heiße Keksblech ins Waschbecken und sehe zu, wie es unter dem Strom kalten Wassers weiterdampft. Der verbrannte Teig zerfällt, und die Klumpen erinnern mich an Eingeweide. Ich ertrage diese ganze Sauerei nicht. Meine Wohnung ist ruiniert, und mir geht das Bild der USS Shaw durch den Kopf, wie sie vor Pearl Harbor in Flammen steht. Der Adventskalender ist auf den Boden gefallen, einige der Filzfiguren fehlen. Auf der kleinen Zugkombüse für den zweiundzwanzigsten Dezember liegt ein benutztes Kondom. Alles stinkt nach verbrannten Keksen, Pisse, Moschus und Sex. Ich muss hier weg.

Ich habe keine Ahnung, welche Tageszeit gerade ist. Ich gehe raus, weil ich unter Leute kommen, mir einen Plan zurechtlegen will. Mein Magen hat sich zu einem hübschen kleinen Knoten zusammengezogen. Ich denke an Engel und Rentiere, Sexarbeiter, Matrosen, Soldaten und Piloten und blutverschmierte Zombies, während ich die Treppen zur Straße hinunterstolpere.

Es ist mitten in der Nacht. Da bin ich mir sicher, denn es fahren keine Autos mehr und nur wenige Leute sind unterwegs. Der Wind ist kalt und beißend. Aus dem Imbiss nebenan fällt strahlend helles Licht. Ich sehe Maria und Joseph vor mir, die sich durch eine unwirtliche Winterlandschaft schleppen, um einen Platz zum Übernachten zu finden, und ich würde mich so gerne ausruhen. Mein Hirn ist völlig ramponiert.

Um den Eingang des Ladens hängt eine Plane aus Kunststoff, hinter der ein paar kleine Weihnachtsbäume und rotblättrige Weihnachtssterne Schutz vor der Kälte suchen. Das Licht, das von drinnen durch das knisternde Plastik fällt, ist gedämpft und schön. Ich bleibe vor dem Imbiss stehen und genieße die eiskalte Luft. Ich zittere. Die beißende Kälte drängt die schleichende Traurigkeit zurück, die in mir aufgestiegen war, nachdem das Foto von Ben aus dem Totenkopftagebuch gefallen war und ich Pigs Handgelenk gebrochen hatte.

Mein Fahrrad steht vor dem Laden, und anstatt hineinzugehen, öffne ich das Schloss meines gelben Huffy und steige auf. Ich zittere am ganzen Körper, und ich will, dass es dabei bleibt, ich will an meine Grenze. Ich habe meine Badewanne – mein geheiligtes, warmes, nach Lavendel duftendes Versteck – mit diesen grauenvollen Tagebüchern gefüllt. Ein Zurück gibt es nicht mehr.

Ich rase quer über die Straße, presse meinen Schritt fest in den Sattel und suche in fliegender Hast nach etwas, was alledem einen Sinn verleihen kann. Oder mich zumindest solange ablenkt, bis ich weiß, was ich mir antun werde – oder jemandem, den ich hasse. Etwas, das so durchgeknallt, so aus dem Gleichgewicht ist wie ich selbst. Ein Weihnachtsmann, der ein Rentier zu Tode fickt. Eine Elfe, die ungeschützten Sex mit einer Stoffpuppe hat. Meine Einfälle bringen mich zum Schmunzeln, während ich mich Tante Floras Apartment nähere. Ich muss herausfinden, ob es sie noch gibt. Und ob sie weiß, wer ich bin.

Ich überquere die West End Avenue, und der Mond hängt am Himmel wie eine milchige Weihnachtskugel. Die Bäume am Straßenrand lassen ihre Zweige hängen, die unter einer dicken, silbrig glänzenden Eisschicht liegen. Tief unter mir fließt der Hudson River. Meine Reifen kommen ins Rutschen, als ich über eine feuchte

Stelle fahre, aber ich schaffe es, das Gleichgewicht zu halten, und schließe mein Rad mit tauben Fingern vor Tante Floras Haus an.

Der alte Portier ist zurück – ein gutes Zeichen. Wahrscheinlich war der fette schwarze Kerl nur seine Vertretung. Er lächelt und winkt mir zu, in seiner Hand ein dampfender Becher, auf dem eine Schneeflocke abgebildet ist. Als er den Kopf wieder senkt, muss ich an das ausgefranste Nikolauspüppchen an meinem Adventskalender denken. Der Portier und ich haben noch nie ein Wort miteinander gewechselt.

»Es ist sehr anständig, dass Sie sich so um Ihre Tante kümmern«, lallt er, als ich die Lobby betrete. »Es ist einfach zu schade.«

Er sieht mich nicht an, sondern starrt weiter in seinen Becher, als könne er aus dem Bodensatz seines Weihnachtstees die Zukunft lesen, also gehe ich schnell zum Fahrstuhl und fahre rauf zu Tante Flora. Der Aufzug ist leer, bis auf eine goldene Lamettagirlande, die sich im Viereck die Wände entlangwindet. Ich weiß nicht, was ich mir von diesem Besuch verspreche. Die letzten beiden Male waren ziemlich verstörend.

Dennoch ist Tante Flora die einzige Person, die mir einfällt, bei der ich vielleicht etwas Trost finde. Sie ist alt, also muss sie mir irgendeinen Rat geben können. Ich denke an Pig und glaube, dass er mich verstehen und mir helfen würde, hätte ich nur nicht sein Handgelenk zertrümmert. Ich kann jetzt nicht in meine Wohnung. Nicht in eine Wohnung, die mit Sperma und verbranntem Teig überflutet ist.

Ekelhaft.

Im Fahrstuhl versuche ich durchzuatmen, doch der Gedanke daran, dass diese senile alte Kuh alles ist, was mir von meiner Familie geblieben ist, schnürt mir erst recht den Hals zu. Mit Mühe schnappe ich nach Luft und atme erst wieder freier, als ich aus dem Aufzug heraus bin. Ich muss meinen ganzen Mut zusammennehmen, um an Heiligabend, zu dieser unchristlichen Zeit an ihre Tür zu klopfen. Ich tue es, vorsichtig, und sofort antwortet mir eine Stimme. Die Tür ist offen.

Die Lampe an der Decke taucht das Apartment in sanftes, schummriges Licht, das mich gleichzeitig an ein mexikanisches Bordell und an Rudolphs rote Rentiernase denken lässt. Im Wohnzimmer stapeln sich Kisten, und in dem scharlachroten Lichtschein betrete ich ein Wunderland, in dem ich wieder sechs Jahre alt bin und meine Eltern unser marodes Bauernhaus mit Bergen unförmiger Pakete angefüllt haben, in billiges Geschenkpapier eingewickelt. Ich erinnere mich an ein Fahrrad und mehrere mehrbändige Lexika und weiß, gleich wird mir Flora, meine neugefundene Tante Mame, entgegenkommen, in einem roten Samtkleid, und mich an ihren warmen Busen drücken. Doch sie hustet nur, und ich höre das Klirren von Eiswürfeln gegen Glas.

Die Kisten sind braun und hässlich. Es sind Umzugskartons.

»Ich wusste, dass du kommen würdest. Lottie meinte, du hättest nicht zurückgerufen, aber ich war mir ganz sicher«, sagt Flora. Anstatt, wie ich es mir ausgemalt hatte, aufzustehen, lehnt sie sich in ihrem Lieblingssessel noch weiter zurück, mit einem Drink in der Hand und ungläubig aufgerissenen Augen.

Sie spricht langsam und deutlich – ich glaube, sie hat gerade einen ihrer klareren Momente.

»Es passierte so schnell. Die Aktien, die Kapitalanlagen, alles den Bach runter. Ich hatte schon befürchtet, dass sie keinen Käufer für das Apartment finden würden, aber dem Himmel sei Dank, es hat geklappt, ich wüsste sonst wirklich nicht, was werden soll. Fürchterlich, wie sich alles einfach in Luft auflöst«, erklärt sie, hebt ihre knorrige, mit Altersflecken übersäte Hand und versucht, um den Gedanken zu unterstreichen, mit den Fingern zu schnipsen.

Aber ich höre kein Schnipsen, nur ein schweres Seufzen, als sie ihren Kopf wieder auf das Rückenpolster ihres Sessels sinken lässt.

»Komm, setz dich.« Sie deutet auf den Hocker neben ihr.

Ich will nicht zu ihr gehen. Ich bin unglaublich erschöpft, fühle mich verloren und überlege, was das alles für mich, mein Erbe und mein Geld bedeutet. Aber weil mir nicht einfällt, was ich sonst tun könnte, setze ich mich dann doch.

Auf dem niedrigen Hocker sitzend, muss ich zu ihr aufschauen. Sie greift nach meinem Kinn, um mein Gesicht in ihre Richtung zu drehen. Sie hat noch nie zuvor mein Gesicht berührt, nur meine Hand. Und noch nie hat sie so besorgt und klar gewirkt.

»Warum bist du an Heiligabend allein? Was hast du gemacht?«, fragt sie.

Ihre Hand fühlt sich an wie Balsam auf einer stechenden Brandwunde.

»Ich habe einem Mann die Hand gebrochen«, antworte ich leise.

»Das ist nicht der Moment, um einem Mann das Herz zu brechen. Das ist unverzeihlich«, fährt sie fort, ihre Hand immer noch an meinem Kinn. »Aber man muss an sich arbeiten. Ich habe beinahe die Ehe deiner Eltern zerstört. Auch das ist unverzeihlich.«

Sie sackt wieder zurück und gibt mein Kinn frei. Ich sitze zusammengesunken auf dem winzigen Hocker und fühle mich, als sei ich eingeschrumpft, und jetzt gerade noch so groß wie die Filzpüppchen an meinem Adventskalender. Innerlich bin ich vollkommen leer.

Scheiße, ist das deprimierend.

»Was meinst du damit?«, sage ich, um mich wenigstens sprechen zu hören, und irgendwo in meinem Hinterkopf taucht der Gedanke auf, dass sie mir vielleicht etwas über meine Eltern erzählen wird, das ich nie erfahren habe.

»Du warst im Ferienlager, als es passierte«, sagt sie.

Was in mir aufwallt und ihr Worte ins Gesicht speit, ist bösartig und unkontrollierbar.

»Ich war nicht im Ferienlager, ich war nie in einem Ferienlager. Ich bin ein Einzelkind.«

Plötzlich habe ich entschieden, dass ich nicht länger mitspielen werde. Sie muss sich der Wahrheit stellen. Jetzt, wo sich mein Erbe auflöst wie die Eiswürfel im Cocktailglas der alten Schrulle, habe ich nichts mehr zu verlieren. Ich starre in ihr faltiges Gesicht und weiß, dass ich wütend bin. Aber zugleich bin ich froh, dass es sie gibt. Ich würde sie gern berühren.

Sie hebt den Kopf und sieht mich lange prüfend an. Dann lehnt sie sich nach vorn.

»Du hast ständig Ärger gemacht. Dieses garstige kleine Biest, das bist du, nicht wahr?«, sagt sie. Zum ersten Mal habe ich das Gefühl, dass sie weiß, wer da vor ihr sitzt.

Sie wirft den Kopf in den Nacken und beginnt, laut zu lachen. Eine ganze Weile gackert sie so vor sich hin, während aus ihrem Mundwinkel Speichel läuft und ihr schlaffes Kinn hinunterrinnt. Vor mir sitzt eine Hexe, wie im Märchen, und ich denke daran, wie sich letzte Nacht mein Sperma in dicken Tropfen an Pigs Kinn sammelte.

Jemand schleicht auf leisen Sohlen durch den Flur, vielleicht der Geist meiner Mutter. Oder der Weihnachtsmann kommt, oder der Teufel, aber wahrscheinlich ist es nur Lottie. Ich warte auf ihr Grunzen.

»Es war dieser grauenhafte Sommer, und du warst gerade …« Flora sieht zu mir herab, wie ich da auf meinem Hocker sitze, und hält inne. »Also gut, du warst in der Scheune. Wir wussten alle, was du da draußen gemacht hast, du schmutziges, kleines Ding.«

Mein Gesicht zerspringt in tausend gedemütigte Stücke. Niemand hatte irgendetwas gewusst. Dafür hatte ich gesorgt. Sie muss sich irren.

»Ich weiß nicht mehr, warum ich deine Mutter derart zurechtgestutzt habe«, sagt sie. »Keine Ahnung, was da in mich gefahren ist.«

»Du warst betrunken«, erwidere ich.

Aus dem Flur dringt ein leises Grunzen, und Flora lacht, übermütig, jugendlich und verrückt. Sie richtet sich in ihrem Sessel zu voller Größe auf.

»Ich war betrunken, stimmt, und bin es immer noch«, sagt sie heiter, und ihr Wahnsinn überstrahlt mit Leichtigkeit das rote Schummerlicht im Zimmer. Sie sitzt kerzengerade da, und dann sprudelt es nur so aus ihr heraus.

»Ich haben die beiden zur Rede gestellt, als wäre es mein Hof.

Es war ihr Zuhause. Ihres. Ich habe sie aufgefordert, sich zu setzen, und dann ein richtiges Donnerwetter losgelassen. Sein vergeudetes Leben. Ihre Armut. Dass sie ihn ruinierte hätte. Ihn auf diese stinkende Farm gezerrt hätte. Weg von allem, was ich mir für ihn gewünscht hatte, weg von seiner Familie.«

Wieder beginnt sie zu lachen, doch diesmal klingt sie etwas sanfter, matter. Dann wird sie still, wie eine flackernde Kerze, die plötzlich erlischt.

»Natürlich wollte er weg. Er war ja weggerannt, um von uns wegzukommen. Ich wusste das natürlich. Aber dass *sie* das nicht wusste. Trotzdem glaubte sie mir. Sie hat sich dann die Treppe hochgeschleppt. Und sich eingeschlossen.«

Es kommt kein Grunzen mehr vom Flur, aber ich höre das Schlurfen von Füßen. Vermutlich wird das Ganze gleich vorbei sein. Nicht mehr lange, und man wird Flora zum Schweigen bringen.

»Er sagte mir, ich solle verschwinden und nie mehr wiederkommen«, fährt sie fort und hebt die Hand zu einem magischen Winken. »Und nun muss ich wieder verschwinden. Paris. Alles verschwindet, einfach so.«

Auf einmal fällt mir eine Episode aus jenem Sommer ein, eine Szene mit meinen Eltern, kurz nach dem Drama mit der betrunkenen Flora. Nachdem sie weg war und sich alles wieder ein bisschen beruhigt hatte. Ich hatte mich aus dem Bett geschlichen, um in der Scheune zu onanieren, und glaubte, das ganze Haus wäre in tiefen Schlaf gefallen. Ich nahm die Hintertür, damit mich niemand hören konnte, und schlich dann ums Haus herum zurück zur Vorderseite. Dort angekommen, sah ich, dass im Wohnzimmer Licht brannte. Verwundert und neugierig kroch ich auf die Veranda, nah ans Fenster, das wegen der Hitze weit offen stand. Meine Eltern saßen sich steif gegenüber und flüsterten wütend aufeinander ein. Um ihr gedämpftes Streitgespräch zu verstehen, schob ich mich noch näher ans Fenster. Dann wurde mir klar, dass sie so leise sprachen, um mich nicht aufzuwecken, um mich zu schützen. Schließlich wurden sie still und sahen ganz traurig aus, meine Mutter hielt den Kopf gesenkt. Mein Vater stand auf und ging zu ihr, setzte sich neben sie, und seine Schultern hoben sich mit einem Seufzen, als er unbeholfen ihre Hand nahm. Während ich dort stand, fühlte ich mich, als wäre ich ein Teil von ihnen, ein Körperteil, von dem sie nichts ahnten. Sie würden nicht einfach verschwinden. Sie würden alles durchstehen, an ihren Problemen arbeiten, zusammenbleiben und zusammen sterben. Gute Menschen machen das so. Dieser Gedanke gab mir, wie ich da auf der Veranda kauerte, neuen Mut. Er löschte den tiefen Schrecken aus, den Tante Flora im Haus hinterlassen hatte.

Wahrscheinlich glaubte ich in diesem Moment, dass auch ich irgendwann so sein würde wie sie. Genauso beständig und treu. In dieser Nacht ging ich nicht in die Scheune, sondern schlich zurück in mein Zimmer und schlief ein, beruhigt von den Geräuschen, die meine Eltern machten, als sie ins Bett schlurften. Aber dieses beruhigende und ermutigende Gefühl ist schon vor langer Zeit verschwunden. Ich habe niemals irgendetwas durchgestanden, war niemals beständig und treu, niemals etwas anderes als ein dummer, egoistischer Sexjunkie. Ob es um die Beziehung mit Ben ging, um Liebe, Lust oder Sex, für mich war das alles einerlei und austauschbar. Schrecklich. Aber ich glaube nicht, dass ich daran etwas ändern kann.

»Du musst uns in Paris besuchen«, sagt Lottie.

Ich weiß, dass ich niemals nach Paris kommen werde. Tante Flora erhebt sich mühsam von ihrem Sessel und breitet die Arme aus, um mich zum Abschied zu umarmen. Als sich ihre dicke, kleine Hand nach mir ausstreckt, sehe ich wieder Pigs Hand vor mir, nach hinten abgeknickt, wie ein zusammengefaltetes Blatt Papier. Und seine entsetzten Augen. Mit Flora könnte ich jetzt genau dasselbe machen. Ich könnte sie verletzen, wie sie meine Mutter verletzt hat. Ich könnte ihren puppenhaften Kopf nehmen und abreißen, bevor sie, mitsamt meiner schwachen Hoffnung auf Erbe und Erlösung, auf Nimmerwiedersehen verschwindet. Ich könnte etwas wirklich Grausames tun, etwas, das in die Zeitungen kommt. Doch dann gäbe es wirklich niemanden mehr, der sich darum scheren würde.

Innerlich bin ich vollkommen leer – ich bin, wie Oprah sagen würde, an dem Punkt angekommen, an dem alle Hoffnung verloren scheint. Wenn jemand am Abgrund steht, passiert im Fernsehen allerdings immer irgendetwas, was die verlorene Seele zurückzieht. Doch für mich gibt es keine rettende Hand, nur die Hand von Pig, die nach hinten knickt, und die hässlichen Fantasien, wie ich meine Tante verstümmele.

Es reicht.

Tante Flora erzählt noch irgendetwas von einem Geschenk, aber da habe ich mich schon blitzschnell an Lottie vorbeigedrängelt, auf dem Weg zur Tür, in den Aufzug, am betrunkenen Portier vorbei, raus auf die Straße und zurück zu mir selbst, um endlich tief durchzuatmen und diese Tortur zu beenden.

Flora war, wie der Schwanenmann und eigentlich auch meine Eltern, nur ein schwacher Lichtschein in meinem kargen Leben. Ich steige auf mein Rad und nehme endlich wieder Fahrt auf, einem furchtbaren und grausamen, einem tödlichen Finale entgegen. Endlich hat es ein Ende. Gott sei Dank. Ich bin so erschöpft.

Ich werde zum Central Park fahren.

Die Straßen sind wie leergefegt, und der Mond hängt als krumme Sichel am kristallklaren schwarzen Nachthimmel. Die schlafende Stadt wirkt weich und beruhigend. Von der eisigen Luft lasse ich mich nicht stören – den ersten Schock der betäubenden Kälte habe ich längst hinter mir. Während ich auf den Park zufahre, bläst der bitterkalte Wind meinen Hals frei. Ich atme tief durch, mein fester Bauch hebt und senkt sich rhythmisch. Ich liebe es, so zu fahren, diese mitternächtliche Flucht. Am Straßenrand ziehen noble Stadthäuser an mir vorbei. Die Fenster leuchten geheimnisvoll im gedämpften Licht der Weihnachtsbäume, die hinter dicken Seidenvorhängen sicher verwahrt sind.

Unter vereist schimmernden Bäumen biege ich nach Osten ab. Die teuren Parfümerien und Konditoreien sind geschlossen und totenstill. Ich stelle mir eine Gruppe verirrter, schöner Männer vor, die sich im Park verborgen hält – Spermastrahlen schießen hervor, gefrieren in der Luft und durchbohren mich dann, wie tödliche Dolchstiche.

Während ich weiterradle, denke ich, dass ich wahrhaftig ein Händchen fürs Pathetische habe.

Meine Wangen kitzeln. Legenden über nächtlichen Sex und brutale Morde im Central Park, wie sie früher durch die Stadt geisterten, sind in den letzten Jahren seltener geworden. Trotzdem betritt kein normaler Mensch den Park, nachdem die Dunkelheit hereingebrochen ist. Immer noch wird, wer dort spät nachts joggen geht, von Zeit zu Zeit vergewaltigt oder zerstückelt aufgefunden. Ich habe den Eingang an der East Side erreicht. Ein einsamer Bus rauscht vorbei, dann ist es wieder still. Das wäre der richtige Moment gewesen, um zur Vernunft zu kommen und kehrtzumachen. Ein klitzekleiner Rest von Wärme hätte genügt, und ich hätte meinen Anflug von Wahnsinn artig beklatscht und dann beschlossen, meinem Todeswunsch für dieses Mal nicht nachzugehen.

Doch stattdessen denke ich: »Es ist Zeit, die Sache zu beenden. Los doch, du Arschloch.«

Der Parkweg windet sich dahin, zieht mich in seinen schwarzen Schlund, saugt freudig all meinen Kummer auf und haucht mir erneut den Odem des Wahnsinns ein. Ich fahre eilig und wild entschlossen in den Park hinein. Er ist trostlos und leer, und ich denke an mein schwarzes Loch, begreife, dass ich es nun endlich betreten habe – seine Mitte, in der ich versinken und ertrinken werde. Es entspricht zwar nicht ganz meiner Vorstellung, aber was soll's. So ist das Leben nun mal.

Ich radle am East Side Lake vorbei, auf dem im Sommer träge die Paddelboote vor sich hindümpeln. Jetzt liegt er düster und verlassen. Hinter einer geschlossenen Imbissbude fahre ich einen Hügel hinauf in die Rambles. Die Rambles sind ein unübersichtliches Durcheinander kleiner Pfade. Ursprünglich angelegt, um Vögel beobachten zu können, wurden sie in den 1960ern von schwulen Männern in Beschlag genommen, die sich dort heimlich zum Ficken trafen. Ich schiebe mein Fahrrad den Rest des Weges und höre nur noch das Peitschen des Windes. Vor mir, kurz hinter einem knorrigen, abgestorbenen Baum, steigt der Weg leicht an und führt dann einen Hügel hinauf, hinter dem ich Lichtschein sehe. Ich bin völlig taub von der Kälte, und ein namenloses Gefühl lässt meine Augen brennen. Ich glaube, das könnte es sein: das Ende – oder so ähnlich.

Ich habe meine Liste mit den zehn Dingen, die ich tun will, bevor ich sterbe, nie vollendet. Jetzt ist es zu spät.

Von der kleinen Erhebung aus sehe ich sie um eine Mülltonne herumstehen, hinter ihnen das Ufer eines der größten Seen im Park, zugefroren und in Nebel gehüllt. Holz, Zweige und Papier verbrennen in der Mülltonne, um die sich die Männer scharen. Der Rauch schlängelt sich empor, und für Momente füllt sich der See in der Ferne mit den geisterhaften Bildern längst vergessener Schlittschuhläufer. Mein Vater gleitet elegant über das Eis, und ein Stück weiter hinten sehe ich mich selbst, ein kleiner Junge mit Bärenfäustlingen, der am Rand des Sees sitzt und wartet.

Ich bewege mich langsam den Hügel hinab auf die Pennerversammlung zu. Einer von ihnen, der direkt neben der Tonne steht, zieht sich die Hose runter, und sofort fallen andere über ihn her. Im Licht der Flammen, die den See in Rauch hüllen, kann ich erkennen, dass der Kerl eine Lederjacke trägt und einen ziemlich festen, muskulösen Arsch hat. Ich mache einen weiteren Schritt nach vorn, verliere den Halt und rutsche auf die brennende Mülltonne zu. Der Kleinste der Gruppe, der sich bis dahin auf die Männer vor ihm konzentriert hatte, dreht sich zu mir um und schaut mich an. Ein winziger, zerzauster Gnom. Seine Haare sind fettig, seine Haut braun und dreckig. Er ist in mehrere Schichten zerlumpten Stoffs gehüllt. Als er auf mich zukommt, fallen mir seine buschigen Augenbrauen auf, seine freundlichen, neugierigen Augen. Er schnüffelt an einem daumengroßen Poppers-Fläschchen.

»Scheiße, bist du geil«, sagt er und hält mir das Fläschchen hin.

Ich nehme einen Zug und werde von einem warmen Schwindelgefühl durchströmt. Offenbar hat mein Gehirn Schwierigkeiten, meinem Plan Folge zu leisten. Der üble Geruch des Poppers macht mich ganz benommen. Fast zärtlich nimmt der Gnom meine Hand und führt mich zum Feuer.

»Musst dich ganz nah ranstellen, sonst frierste dir den Arsch ab«, sagt er.

Die Männer bilden ein unentwirrbares Knäuel. Sie teilen sich den Arsch des Lederkerls, und mir wird klar, dass es sich nicht um Penner handelt. Sie sind ziemlich attraktiv – in der Mehrzahl Weiße, die wahrscheinlich unter Drogen stehen. Ein hochgewachsener schwarzer Typ steht ein paar Schritte entfernt und nippt an einer mit Eisblumen überzogenen Bierflasche. Mir ist immer noch ganz schwindelig von dem Poppers. Der Gnom stellt sich neben mich.

»Was haste vor, du Stecher?«, fragt er und schnüffelt erneut an seinem Fläschchen. »Ich bin Harry. Man nennt mich auch Poppers-Harry, ich schnüffel nämlich die ganze Nacht an meinem Poppers. Hält mein Blut in Wallung.«

Der Reiz der Gefahr verflüchtigt sich zusehends, und erneut frage ich mich, ob ich das wirklich durchziehen will. Besonders bedrohlich sehen diese Typen nicht aus, keiner von ihnen wirkt wie ein durchgeknallter Killer, was mich ein bisschen enttäuscht. Der Gestörteste hier dürfte ich sein. Na prächtig.

Harry hält meine Hand, als stünde er mit seinem kleinen Kind am Rande einer Klippe. Gemeinsam beobachten wir die Orgie am Feuer. Von der Mülltonne geht eine unwahrscheinliche Hitze aus. Der große schwarze Kerl mit dem Bier in der Hand legt Holz nach, dann lächelt er mich an. Er kommt mir merkwürdig bekannt vor, und ich frage mich, ob ich ihn schon mal zum Vögeln in meine Wohnung eingeladen habe. Als ich langsam auftaue und mich zu Harry drehe, der aus unerfindlichen Gründen immer noch meine Hand hält, blickt er mir tief in die Augen. Er ist eine vollkommen gebrochene Existenz. Aber er scheint sich damit abgefunden zu haben. Ich muss grinsen. Auf einmal lässt er meine Hand los und will sich an meiner Hose zu schaffen machen, doch ich schiebe ihn sanft weg. Er grunzt und nimmt noch einen Zug aus dem Poppers-Fläschchen, während ich näher an die Mülltonne herantrete. Ich lasse meine Hand durch die Flammen gleiten. Der Lederkerl ist zu Boden gesunken und schreit laut auf. Er kommt. Die Männer wenden sich ab und beäugen mich interessiert. Ein stämmiger Weißer, in einem Anzug, der außergewöhnlich teuer aussieht, setzt sich in Bewegung und stolpert auf mich zu. Harry stellt sich ihm in den Weg.

»Den hier kannste nich haben. Wir sind zusammen, er und ich.« Wie es scheint, versucht er die Zügel an sich zu reißen.

Ich finde seine besitzergreifende Art amüsant und rührend und greife nach Harrys Fläschchen, um mir noch einen tiefen Zug zu genehmigen. Als ich meinen Kopf in den Nacken lege, kommt mir der Mond am wolkenlosen Himmel ungeheuer tiefgründig vor, als hätte er eine mysteriöse Bedeutung, die ich nie erfassen werde. Ich werde sterben, ohne irgendwas aus diesem ganzen Scheiß gelernt zu haben. Meine Nase brennt von dem Poppers, aber ich will immer noch mehr. Jemand berührt meinen Hintern, es ist der große Schwarze. Er knetet mich durch, während ich noch einmal an den berauschenden Dämpfen schnüffle. Dann tastet eine Hand nach dem Reißverschluss meiner Hose, und ich lasse ihn einfach machen – schließlich bin ich genau dafür hergekommen. Harry grummelt vor sich hin und lässt mich dann stehen, mit seinem wertvollen Poppers in meiner Hand.

Aus der Mülltonne schießt eine Stichflamme empor, als Harry einen Stapel Zeitungen hineinwirft. Ich spüre die Hitze auf meinem nackten Arsch. Der schwarze Kerl beugt sich vor, spreizt meine Backen und schiebt seine Zunge dazwischen – ein warmes, beruhigendes Gefühl. Dann stößt ein anderer Mann aus der Gruppe dazu. Sie umgeben und beschützen mich, eine überwältigende Wärme hüllt mich ein und durchströmt meinen Körper. Ich sehe, wie sich Harry kleine Büschel Haare ausreißt und die krausen

Strähnen wütend ins Feuer wirft. Er flucht und zeigt mit dem Finger auf mich, während ich mehr von seinem Poppers einatme, meinen Arsch der Zunge entgegenstrecke und meine Wange einem feuchten Kuss darbiete – und für den Bruchteil einer Sekunde ist die schwarze Wange an meinem Gesicht die des Schwanenmanns, und wir lieben uns. Die Illusion zerstäubt, als mir wieder einfällt, was für ein Scheißkerl er ist.

Harry ist angepisst. Womöglich denkt er, dass ich ihn nur benutzt und dann weggeworfen habe. Was stimmt, denn das mache ich immer so. Ich würde Gnom-Harry gern sagen, dass ich nun mal so bin. Ich mag das eben. Ich frage mich, ob er ein Messer dabeihat. Vielleicht schlitzt er mich wutentbrannt auf, zugedröhnt von dem ganzen Poppers. Aber das ist ziemlich unwahrscheinlich.

Als meine Beine nachgeben, lasse ich mich nach hinten auf das Gesicht des schwarzen Typen sinken. Mein Rücken wölbt sich durch, meine Hüften schieben sich vor, treffen auf einen Mund, und ich wende den Kopf und stelle mir vor, wie Nebelschwaden über den See ziehen, auf dem elegante Schlittschuhläufer in Pelzmänteln und warmen, wollenen Bärenfäustlingen aneinander vorbeigleiten, ohne sich je zu berühren. Ich glaube nicht, dass dies mein schwarzes Loch ist. Dieser Ort ist anders. Einen Moment lang vermisse ich meine Eltern und wünsche mir, sie hätten noch ein wenig länger gelebt.

Ich entziehe mich der Zunge und drehe mich zu dem schwarzen Kerl um.

»Fick mich«, fordere ich ihn auf.

Ich lasse mich selten ficken. Durchaus möglich, dass es schmerzhaft wird und ich wieder in meinem schwarzen Loch versinke, in Verzweiflung, Leid und Gedanken an den Tod. Der schwarze Typ drückt mich sanft zu Boden. Hinter ihm stehen noch zwei andere, die auch meinen Arsch wollen. Ich spüre, wie er in mich eindringt – für einen kurzen Augenblick durchfährt mich ein stechender Schmerz. Die kalte Erde an meinem Gesicht lenkt mich ab, und als er seinen Rhythmus gefunden hat, fühlt es sich richtig gut an. Vermutlich habe ich all die Jahre ziemlich was verpasst. Mir geht meine Liste durch den Kopf. Dinge, die ich tun will, bevor ich sterbe: Gefickt werden und es genießen. Damit bin ich bei Punkt sechs angelangt.

Der schwarze Kerl zieht seinen Schwanz raus, der Nächste besteigt mich, und ich bete zu Gott, dass es nicht dieser hässliche Gnom Harry ist, obwohl ich natürlich kaum Kontrolle darüber habe. Jemand stützt sich auf meinen Rücken, drückt mich zu Boden, und diesmal tut es ein bisschen weh. Ist wahrscheinlich etwas größer. Langsam wird meine Wange auf dem kalten Boden taub, also schließe ich die Augen und frage mich, ob schon mal jemand totgefickt worden ist.

25. Dezember

Die Sonne steht hell am Himmel, und ich spüre ihre warmen Strahlen. Noch bekomme ich meine Augen nicht richtig auf, doch in der Ferne kann ich eine feurige kleine Fee erkennen, die über eine Wolkenbank tanzt. Das ist die andere Seite. Ich habe es geschafft.

Als sich zu dem grauenhaften Brennen ein Krampf in meiner rechten Arschbacke gesellt, weiß ich, dass ich mich getäuscht habe. Obwohl die Sonne scheint, ist es immer noch kalt, und ich liege allein und mit dem Gesicht auf dem Boden an einem Abhang im Central Park. Offensichtlich bin ich noch am Leben. Keine Wahnsinnigen, keine Mörder, kein Totficken. Ich bin enttäuscht, wütend, erleichtert.

Meine Finger sind komplett durchgefroren und brennen wie die Hölle. Handschuhe habe ich nicht getragen, gestern. Aber warum auch, schließlich dachte ich ja, ich wäre auf dem Weg in den Selbstmord. Meine Fingerspitzen sind blau und taub, und mein ganzer Körper schmerzt, als hätte ich Gefrierbrand, wie ein vergammeltes Stück Fleisch im Tiefkühlfach. Ich stehe auf, lecke an meinen Fingern, aber es hilft nichts. Mein Arsch tut ziemlich weh. Ich blute. Ich sehe mich nach meinem Fahrrad um, kann es aber nirgendwo entdecken. Kein Killer, aber immerhin war ein tüchtiger Dieb dabei. Das tröstet mich ein wenig. Ich stelle mir den gnomartigen Harry mit seinem Poppers vor, wie er vergnügt durch Manhattan radelt. Fröhliche Weihnachten, kleiner Sexgnom.

Als ich den Hang hinaufklettere, fühle ich mich, als wäre ich mindestens hundertzehn. In der Ferne kann ich den See erkennen und laufe darauf zu. Der Himmel ist klar, und ein hübsches junges Pärchen schlendert Hand in Hand einen Weg entlang, eingehüllt in dicke Schichten aus Wolle und Kaschmir. Sie winken mir zu – wahrscheinlich sehe ich aus wie ein Obdachloser oder ein Psycho. Ich knurre sie an, als sie an mir vorbeilaufen, aber sie scheinen nicht sehr beeindruckt.

Am Ufer des Sees wittere ich eine letzte Chance: Ich könnte einfach zur Mitte laufen, durch die dünne Eisschicht brechen und das eiskalte Wasser den Rest besorgen lassen. Habe ich nicht immer davon geträumt, mich in meiner Badewanne zu ertränken, mir nicht genau überlegt, wie ich es anstelle, auf den Schwingen eines Vicodin-Cocktails für immer in meinem schwarzen Loch zu verschwinden? Viele bedeutende Persönlichkeiten haben sich ertränkt – Virginia Woolf und Spalding Gray, beispielsweise. Oder hatte der sich erhängt?

Was ich jedoch wirklich will, ist ein Becher wirklich heißen, wirklich starken Starbucks-Kaffee. Plötzlich fällt mir wieder Joan Crawford in diesem Film ein, und ich versuche mich daran zu erinnern, was sie tut, nachdem der Pfarrer sie gefickt hat und ihre Welt zusammengebrochen ist. Sie steht vor ihrer Dschungelhütte. Der Pfarrer zieht missmutig davon, den Kopf gesenkt, tief beschämt. Ganz langsam fährt die Kamera zurück. Da steht sie, allein, eine gebrochene Frau, die immer kleiner wird. Joan Crawford fängt an zu lachen. Die Kamera bewegt sich immer weiter von ihr weg, und sie lacht lauter und lauter und immer lauter, vollkommen hysterisch. Dann setzt die Musik ein.

Ich versuche auch zu lachen, aber mein Hals ist blockiert. Ich hätte jetzt wirklich gern diesen heißen Becher Kaffee. Ich reibe meine schmerzenden Hände und spüre, wie sie langsam wieder zum Leben erwachen, dann setze ich mich auf ein paar gefrorene Blätter am Ufer. Die Blätter kommen mir vor wie ein winziger Thron, und mir fällt ein, dass ich früher mit meinen Bärenfäustlingen auch immer auf so einem Haufen saß, während ich meinem Vater dabei zusah, wie er mit seinen Freunden über das Eis schwebte. Soweit ich mich erinnern kann, habe ich damals nie gefroren. Sicherlich hatte mich meine Mutter in einen dicken Pullover und einen Wollmantel gesteckt. Im Augenblick könnte ich diese scheiß Bärenfäustlinge wirklich gut gebrauchen. Ein Schwan ist auf den See geschlittert. Als er zum Stehen kommt, breitet er mühsam die Flügel aus und watschelt dann unsicher noch ein paar Meter vorwärts. Natürlich ist es kein Schwan – es ist eine unterkühlte, dumme Ente.

Der See schimmert im Sonnenlicht, genauso wie der klitzekleine Glasteich, den ich diesen Monat im Schaufenster von Lord & Taylor gesehen habe. Ein kleines Mädchen hat versucht, ihren Kopf durch die Scheibe zu drücken. Ich fühle mich winzig, wie ein Kind, und frage mich, was meine Eltern über ihren Sohn denken würden, jetzt, wo ich hier sitze, an diesem und an anderen Abgründen. Ohne Frage habe ich Dinge getan, die für sie unvorstellbar wären. Schreckliche Dinge, ja, aber Mumm braucht man schon dafür – und Spaß am Abenteuer. Mein Vater hat immer wieder davon erzählt, wie sein Vater vor den Nazis aus Deutschland floh und sich bis zur Weltausstellung in Missouri durchschlug. Wenn er davon sprach, wurde seine Stimme immer ganz leise und ehrfürchtig. Wer weiß, vielleicht würden ihm meine Wahnsinnstaten zumindest ein anerkennendes Lächeln entlocken. Schließlich macht das nicht jeder, sich eine ganze Nacht lang im Central Park von wildfremden Männern durchnehmen lassen. Ganz ohne ist das auch nicht.

Mir wird klar, dass ich den, dem diese Gedanken durch den Kopf gehen, überhaupt nicht kenne – er klingt weder wie mein altes Ich, wie ich war, bevor ich mich auf meine monatelange sexuelle Irrfahrt begeben habe, noch wie die brutale, verzweifelte Kreatur, die Pigs Handgelenk zerstört hat. Nicht wie der Junge mit den Bärenfäustlingen, der verzückt seinem Vater beim Schlittschuhlaufen zusieht, und auch nicht wie der Mann, der selbstsüchtig Ben belügt. Und bestimmt nicht wie der Angestellte eines Frauenhauses, der sich in der Toilette einen nach dem anderen runterholt.

Ich bin mir noch nicht ganz sicher, wer ich gerade bin, aber wie ich so auf den See starre, bin ich plötzlich überzeugt, dass mein neues Ich bald zum Vorschein komme wird, mit Pauken und Trompeten. Die erbärmliche alte Ente ist stehen geblieben, schlägt wieder mit ihren ausgefransten Flügeln, und ich denke mir: »Was tut sie da?« Und dann: »Was ich tue ich hier eigentlich?« Und dann: »Was haben Ben, der Schwan oder Pig mir eigentlich bedeutet?« Und wie immer fällt mir nichts Besseres ein als ein lahmes »Ich weiß es nicht«. Doch während der Vogel sich noch abrackert und schwerfällig seine hauchdünnen Seidenflügel zu bewegen versucht, geht mir durch den Kopf: »Aber ich wusste es mal. Mit jedem dieser Männer gab es zumindest einen Moment, in dem ich es wusste. Und solche Momente wird es wieder geben.« Hoffentlich nicht erst, wenn ich auf dem Totenbett liege.

Auf wackligen Beinen stehe ich da – erfüllt von ehrfürchtigem Staunen, vor dem Leben, vor dem Tod – und denke an Jesus Christus und Joan Crawford. Ich frage mich, ob sie sich je begegnet sind. Ich zittere. Dann fange ich an zu lachen. Vielleicht ist Joan überhaupt nicht hysterisch geworden. Vielleicht konnte ihr das alles nichts anhaben, weil sie, am Ende des Films, ganz bei sich und ihrer inneren Schlampe angekommen war.

Ich trotte langsam vorwärts – nicht in Richtung Bethlehem, nur zum nächsten Starbucks. Beim Gehen tut mir alles weh, aber mir ist nicht mehr so kalt, und ich glaube, nein: ich bin mir sicher, dass mein schwarzes Loch verdorrt ist. Wie ein eitriger Abszess am Arsch eines toten Banditen. Oder ein Sumpf im tiefsten Louisiana, der eines Tages einfach verschwindet und die Gebeine lang vermisster Tiere freilegt. Hier und da blinken noch ein paar Wasserlachen. Aber von seinen Geheimnissen, seiner Macht und den Tragödien, die sich hier abgespielt haben, bleibt nichts zurück als Staub.

Als ich die 5th Avenue überquere, schaue ich auf mein iPhone. Ich habe einen Haufen Nachrichten von meinem Einsiedlerfreund Michael erhalten – die letzte ist: »Wo zur Hölle steckst du, Arschloch? Fröhliche Weihnachten.« Er ist wirklich ein Schatz.

Ein paar Blocks weiter entdecke ich ein Starbucks, und in der Scheibe eines Lincoln Town Car werfe ich einen flüchtigen Blick auf mein Spiegelbild. Abgesehen von den zerschundenen Händen, dem bisschen Dreck im Gesicht und den paar Zweigen im Haar sehe ich ziemlich gut aus. Ich könnte im Starbucks bestimmt jemanden aufreißen und auf dem Klo Sex haben. Zu spät merke ich, dass ich gerade laut gedacht habe, denn eine äußerst vornehme alte Frau ist hinter mir stehen geblieben. Sie trägt einen weißen Kaschmirmantel, einen roten Seidenschal von Hermès, an dem Goldmünzen baumeln, einen umwerfenden Wollrock im Stil von Jill St. John und hübsche schwarze Lederschuhe mit goldenen Schnallen. An der Leine führt sie einen klapperdürren Hund spazieren, der mir bekannt vorkommt. Es ist Mr. Muffin, der mir vor ein paar Tagen über die Wange geleckt hat – als ich auf dem Bürgersteig vor Tante Floras Apartment lag, nachdem mich der Portier so unsanft hinauskomplimentiert hatte. Heute trägt Mr. Muffin um den Hals eine große rote Schleife. Ich schwöre, dass er mich anlächelt. Ich wünschte, er würde zu mir kommen.

»Sicher könnten Sie das«, sagt die alte Frau mit einem schwer zu deutenden Lächeln im Gesicht. »Fröhliche Weihnachten.«

Als sie weitergeht, bemerke ich, dass ihre Hüften in Bewegung geraten sind. Sie wirft die Schultern zurück und wackelt mit dem Jill St. John-Hintern. Alter Geldadel, nehme ich an, und mit Sicherheit eine Schlampe. Während ich den beiden hinterherlaufe, schieße ich ein Foto. Ihr Arsch schwingt hin und her, und Mr. Muffin tut es ihr gleich. Das Foto schicke ich Michael.

Ich laufe ihnen noch ein paar Meter hinterher. Dann bin ich beim Starbucks angekommen und gehe hinein.